中国节·中国味·民族情

"岁时节令"系列教材

王慧勤 蔡遵义 主编

苏州大学出版社
Soochow University Press

图书在版编目(CIP)数据

中国节·中国味·民族情/王慧勤,蔡遵义主编
.—苏州:苏州大学出版社,2017.9(2022.9重印)
 ISBN 978-7-5672-2171-0

Ⅰ.①中… Ⅱ.①王… ②蔡… Ⅲ.①节日-风俗习惯-中国-中学-教材 Ⅳ.①G634.501

中国版本图书馆CIP数据核字(2017)第216861号

书　　　名:	中国节·中国味·民族情
主　　　编:	王慧勤　蔡遵义
策　　　划:	刘一霖
责任编辑:	刘一霖
装帧设计:	吴　钰
出版发行:	苏州大学出版社(Soochow University Press)
社　　　址:	苏州市十梓街1号　邮编:215006
印　　　刷:	广东虎彩云印刷有限公司
邮购热线:	0512-67480030
销售热线:	0512-65225020
开　　　本:	787 mm×1 092 mm　1/16　印张:8.25　字数:162千
版　　　次:	2017年9月第1版
印　　　次:	2022年9月第3次印刷
书　　　号:	ISBN 978-7-5672-2171-0
定　　　价:	28.00元

凡购本社图书发现印装错误,请与本社联系调换。
服务热线:0512-65225020

中国节·中国味·民族情
编委会

主　编　王慧勤　蔡遵义
编　委　（排名不分先后）
　　　　周冠祥　徐菊梅　刘　军
　　　　胡彬彬　张　芸　高柏馨

序 言

德育是教育之首,德育工作是职业学校各项工作中的首要工作。在全员、全程、全方位育人的新要求下,如何让职业学校实现立德树人的目标,是我着力思考的重要课题。我认为,职业教育不仅要让职校生成人、成才,还要使其成为全面发展的人、出彩幸福的人。唯其德技并修,才能结出德技双馨之果。

最近,我认真翻阅了扬州旅游商贸学校送来的"岁时节令"系列教材《中国节·中国味·民族情》(样本),感觉编写得不错。该教材选择了清明节、端午节、中秋节、重阳节、春节五个岁时节令,每个岁时节令的内容分成节日风俗、诗文赏析、文化活动、综合实践活动和语文综合实践活动设计方案五个模块。我觉得,这本书既是很好的知识读本,也是有益的德育教材。

俗话说:"百里不同风,十里不同俗。"岁时节令文化作为中华文化的重要元素,经过几千年的传播积淀,体现着中华民族优秀的道德观、思想观和价值观。然而,在社会深刻变革和社会生活多元化的今天,不少年轻人更爱穿韩装、看日本动漫、吃肯德基,不太爱过、会过中国的传统节日,对西方文化盲目跟风,对中华传统文化态度淡漠,这一现状令人担忧。扬州旅游商贸学校秉承百年梅花书院"与时俱进"的文化传统,坚持文化立人、正人、育人、化人、聚人、达人,打造了文化品牌。这本书的编写就是为了改变中华节令文化日渐式微的局面、提升中等职业学校学生的人文素养所做的一次很有意义的尝试。在该校形式多样的文化活动中,学生积累了知识,陶冶了情操,增强了学习能力,拓宽了文化视野。

通过这本书,学生可以了解岁时节令文化习俗,感受地方文化魅力,培养爱家乡、爱生活的美好情感。值得期待的是,这套"岁时节令"系列教材将对岁时节令文化的传承和发扬,对学校立德树人工作,产生积极影响。

扬州旅游商贸学校近年来一直致力于打造潜能德育模式,有力促进学生成人、成才。我希望,其他职业学校也能多开发一些这样的知识读本,多尝试一些这样的德育实践。希望通过大家的共同努力,让更多的职校生能够实现体面就业梦、继续学习梦、创新创业梦,用勤劳和智慧创造美好人生。

扬州市教育局党委委员、副局长
余通海

前言

　　文化是民族的血脉,是人类的精神家园。在五千多年文明发展的历程中,我国各族人民紧密团结、自强不息,共同创造出源远流长、博大精深的中华文化,为中华民族发展壮大提供了强大的精神力量。

　　岁时节令文化一直是中国民俗文化的重要组成部分,是民族优秀的文化传统之一。民间流传下来的一些节日风俗已有几千年的历史,至今还为人们所接受,表现出了顽强的生命力。随着社会经济、文化条件的变化,节日风俗也在不断变化,一些落后的陈规陋习逐步被淘汰,风俗与礼俗往往结合在一起,加速了岁时节令文化的传播和发展。

　　中国是以汉族为主体的多民族国家,汉族的传统节日如春节、清明节、端午节、中秋节等,在其他民族地区也普遍流行。与此同时,汉族节日中的许多游艺活动,如秋千、高跷、骑射、杂技等,原来也是少数民族的习俗。正是在多民族文化不断交流、融合的过程中,中国传统文化才具有了广泛的包容性,中华民族才有了强大的凝聚力,这也是侨居海外的炎黄子孙"每逢佳节倍思亲"的一个重要原因。

　　岁时节令文化强调天人合一、人际和睦、欢乐吉庆、丰收富裕、健康长寿等价值观念。借助丰富多彩的表现形式,人们表达亲人、朋友、邻里之间的真情厚意,传递长幼有序、乡邻和睦等美好愿望,营造浓郁而有传统特色的节日氛围。岁时节令文化往往通过口头文学、高山崖画、画像石、壁画、雕塑、年画、礼俗活动、仪式庆典等形式传承中华民族的伦理道德、信仰观念,借助饮食、服饰、仪式用品、工艺品等物质和祭典、礼仪、表演等行为展示中华民族的智慧。因此,"岁时节令"系列教材的开发,对传承民族文化、丰富校园文化、提升学生文化素养都有着积极的推动作用。

学校自2006年启动节令文化课程开发工作以来，语文组策划、编写了节令校本教材初本，并组织学生学习、实践，积累了一些经验。根据《教育部、文化部、国家民委关于推进职业院校民族文化传承与创新工作的意见》文件精神，为满足中等职业学校人才素质培养需求，我们精心挑选了清明节、端午节、中秋节、重阳节、春节五个最具代表性的岁时节令，按照教学实际流程分节日风俗、诗文赏析、文化活动、综合实践活动和语文综合实践活动五个模块进行编写，综合实践活动主要供师生进行拓展训练参考。

本教材作为特色校园文化读本，内容丰富，图文并茂，浅显易懂，既可以作为中职阶段语文教学辅助教材，也可以供学生朗读、自习以及课后自主学习、合作探究使用，还可以作为德育活动的辅助材料。

因编写较为仓促，且编者水平有限，本书中一定存在不足之处，恳请读者批评指正！

第一模块　清明节　　　　　　　　　　　　／1
　　清明节风俗　　　　　　　　　　　　　／3
　　清明节诗文赏析　　　　　　　　　　　／10
　　清明节文化活动——扫墓祭祖　　　　　／14
　　清明节综合实践活动　　　　　　　　　／17
　　清明节语文综合实践活动设计方案　　　／20

第二模块　端午节　　　　　　　　　　　　／23
　　端午节风俗　　　　　　　　　　　　　／25
　　端午节诗文赏析　　　　　　　　　　　／32
　　端午节文化活动——赛龙舟　　　　　　／38
　　端午节综合实践活动　　　　　　　　　／40
　　端午节语文综合实践活动设计方案　　　／45

第三模块　中秋节　　　　　　　　　　　　／53
　　中秋节风俗　　　　　　　　　　　　　／55
　　中秋节诗文赏析　　　　　　　　　　　／61
　　中秋节文化活动——中秋祭月　　　　　／66

中国节·中国味·民族情

中秋节综合实践活动	/68
"月到中秋分外明"语文综合实践活动设计方案	/71

第四模块　重阳节　　　　　　　　　　　　　　　/75

重阳节风俗	/77
重阳节诗文赏析	/81
重阳节文化活动——重阳登高	/85
重阳节综合实践活动	/87
"九九重阳,敬老爱老"语文综合实践活动设计方案	/88

第五模块　春　节　　　　　　　　　　　　　　　/91

春节风俗	/93
春节诗文赏析	/100
春节文化活动——舌尖上的春节	/109
春节综合实践活动设计方案	/111
"节日好,最忆是新年"语文综合实践活动设计方案	/114

第一模块

清明节

清明节又叫踏青节,在仲春与暮春之交,是中国传统节日,也是最重要的祭祀节日之一。清明节是中国重要的"时年八节"之一,一般在公历4月5日前后。2006年5月20日,经国务院批准,清明节被列入第一批国家级非物质文化遗产名录。

清明节风俗

一、清明节由来

古人把一年分为二十四个节气,依据这种岁时历法来播种、收成。清明便是二十四节气之一,一般在春分后十五天。按《岁时百问》的说法:"万物生长此时,皆清洁而明净。故谓之清明。"到了清明,气温变暖,降雨增多,正是春耕春种的大好时节,所以清明对于古代农业生产而言是一个重要的节气。农谚曰"清明前后,种瓜点豆""植树造林,莫过清明",正是说的这个道理。清明节气在时间和物候特点上为清明节习俗的形成提供了重要条件,该节气被看作清明节的源流之一。

后来,清明渐渐成为纪念祖先的节日,相传与古时寒食节有关。关于寒食节,有这样一个传说:春秋战国时代,晋献公的妃子骊姬为了让自己的儿子奚齐继位,就设毒计谋害太子申生,申生被逼自杀。申生的弟弟重耳,为了躲避祸害,流亡出走。在流亡期间,重耳受尽了屈辱。原来跟着他一道出奔的臣子,大多陆陆续续地各觅出路去了,只剩下少数几个忠心耿耿的人一直追随着他。其中一人名叫介子推。有一次,重耳饿晕了过去,介子推为了救重耳,从自己腿上割下了一块肉,用火烤熟了递给重耳吃。十九年后,重耳回国做了君主,成为著名的春秋五霸之一——晋文公。晋文公执政后,对那些曾经和他同甘共苦的臣子大加封赏,唯独忘了介子推。有人在晋文公面前为介子推叫屈,晋文公猛然忆起旧事,心中有愧,马上差人去请介子推上朝受赏封官。可是,差人去了几趟,介子推都不来。晋文公只好亲自去请。当晋文公来到介子推家时,只见大门紧闭。介子推不愿见他,已经背着老母亲躲进了绵山(位于今山西介休市)。晋文公便让御林军上绵山搜索,但没有找到。于是,有人出了个主意:不如放火烧山,三面点火,留下一方。大火起时介子推会自己走出来的。晋文公便下令举火烧山。孰料大火烧了三天三夜,终究不见介子推出来。大火熄灭后,晋文公上山一

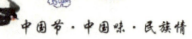

中国节·中国味·民族情

看,介子推母子俩抱着一棵烧焦的大柳树,已经死了。晋文公对着介子推的尸体哭拜了一阵之后,发现介子推的脊梁堵着一个柳树洞,洞里好像有什么东西。掏出一看,原来是片衣襟,上面题了一首血诗:

割肉奉君尽丹心,但愿主公常清明。
柳下作鬼终不见,强似伴君作谏臣。
倘若主公心有我,忆我之时常自省。
臣在九泉心无愧,勤政清明复清明。

晋文公将血书藏入袖中,然后把介子推和他的母亲分别安葬在那棵烧焦的大柳树下。为了纪念介子推,晋文公下令把绵山改为"介山",在山上建立祠堂,并把放火烧山的这一天定为寒食节,晓谕全国,每年这天禁忌烟火,只吃寒食。

第二年,晋文公领着群臣,素服徒步登山祭奠。行至坟前,只见那棵老柳树死而复活,绿枝千条,随风飘舞。晋文公敬重地走到老柳树跟前,折了一根柳枝,编了一个圈儿戴在头上。祭扫后,晋文公把复活的老柳树命名为"清明柳",又把这天定为清明节。以后,晋文公常把血书带在身边,将血书的内容作为鞭策自己执政的座右铭。他勤政清明,励精图治,晋国的百姓得以安居乐业。

后来,由于清明与寒食的日子接近,而寒食是民间禁火扫墓的日子,渐渐地,寒食与清明就合二为一了,而寒食也成为清明的别称,变成了清明时节的一个习俗。

二、清明节风俗

清明节是中国最重要的传统节日之一。它不仅是人们祭奠祖先、缅怀先烈的节日,也是中华民族认祖归宗的纽带。清明节风俗主要有以下几种。

(一)扫墓祭祖

历史上,清明节寒食禁火、祭奠先人早已成为习俗。自唐朝之后,清明节扫墓祭祖成了持续不断的节俗传统。唐朝大诗人白居易《寒食野望吟》云:"乌啼鹊噪昏乔木,清明寒食谁家哭?风吹旷野纸钱飞,古墓垒垒春草绿。棠梨花映白杨树,尽是生死离别处。冥冥重泉哭不闻,萧萧暮雨人归去。"宋朝诗人高翥也曾于《清明》一诗中描写道:"南北山头多墓田,清明祭扫各纷然。纸灰飞作白蝴蝶,泪血染成红杜鹃。日落狐狸眠冢上,夜归儿

女笑灯前。人生有酒须当醉,一滴何曾到九泉。"就是到了当今社会,人们在清明节前后仍有上坟扫墓、祭祖的习俗:铲除杂草,放上供品,于坟前上香祷祝,燃纸钱,或简单地献上一束鲜花,以寄托对先人的怀念。

(二) 踏青

清明季节,正是春回大地之时。人们趁着扫墓之便,一家老少在山乡村野间游乐一番,回家时顺手折几枝叶芽初绽的柳枝戴在头上。也有人特意在清明节期间到郊外去欣赏生机勃勃的春日景象。古代将这类活动叫作探春、寻春,其含义就是脚踏青草,在郊野游玩,观赏春色。清明前后正是踏青的好时光,所以踏青成为清明节俗的一项重要内容。古时妇女平日不能随便出游,清明扫墓是难得的踏青机会,因此,妇女们在清明节比男人玩得更开心,民间有"女人的清明,男人的年"之说。

(三) 插柳

清明是杨柳发芽返绿的时节,民间有折柳、戴柳、插柳的习俗。人们踏青时顺手折下几枝柳条,可拿在手中把玩,也可编成帽子戴在头上,也可带回家插在门楣、屋檐上。谚语有"清明不戴柳,红颜成皓首"的说法,这说明清明折柳、戴柳在旧时是很普遍的习俗。民间相传柳枝具有辟邪的功用,因此插柳、戴柳具有祈福、辟邪之效。

关于清明节插柳、植树的习俗,据说是为了纪念发明各种农业生产工具并曾"尝百草"的神农氏;另一说法是介子推死时所抱的柳树后来复活,晋文公赐名为清明柳,并折柳成圈戴在头上,此风俗后来传入民间。

(四) 放风筝

放风筝是清明节人们最喜爱的活动之一。清代潘荣陛所著《帝京岁时纪胜》记载:"清明扫墓,倾城男女,纷出四郊,提酪挈盒,轮毂相望。各携纸鸢线轴,祭扫毕,即于坟前施放较胜。"

在古人看来,放风筝不但是一种游艺活动,而且是一种巫术行为。他们认为放风筝可以放走自己的秽气。

所以，很多人在清明节放风筝时，将自己知道的所有灾病都写在风筝上，等风筝放高后，就剪断风筝线，让风筝随风飘逝，象征着自己的疾病、秽气都被风筝带走了。

（五）荡秋千

相传春秋时齐桓公北伐山戎后将秋千传入中原。汉以后秋千成为清明节及其他如端午节等节日的民间游戏。秋千之戏在南北朝时已经流行。《荆楚岁时记》记载："春时悬长绳于高木，士女衣彩服坐其上而推引之，名曰打秋千。"在唐代，荡秋千已经是很普遍的游戏，并且成为清明节习俗的重要内容。由于清明节荡秋千随处可见，元、明、清三代定清明节为秋千节，皇宫里也安设秋千供皇后、嫔妃、宫女们玩耍。今日的公园和游乐场仍然有秋千，供儿童玩耍。

在这些活动中，蹴鞠就是一项十分有趣的活动。蹴鞠是现代足球的前身，最早的鞠皮用皮革做成，内用毛塞紧。蹴鞠就是用脚踢球。相传蹴鞠早在商代就有，战国时期流入民间，至汉代成了军中用以练身习武的运动。到了唐宋时期，经常出现"球终日不坠"，"球不离足，足不离球，华庭观赏，万人瞻仰"的情景。《宋太祖蹴鞠图》描绘的就是当时蹴鞠的情景。杜甫在《清明》中写道"十年蹴鞠将雏远，万里秋千习俗同"，也说明了当时蹴鞠活动的普及。在讲求"中庸"的传统文化背景下，蹴鞠逐渐由对抗性比赛演变为表演性竞技。到了清代，在史籍上有关蹴鞠活动的记载就寥寥无几了。近几年，蹴鞠的发源地山东淄博又兴起蹴鞠热，许多市民参与其中，既锻炼了身体，又传承了几千年的民俗。

（六）蹴鞠

在清明节除了祭祖扫墓之外，民间还流行各项户外活动，在祭奠追思的感伤之余，营造了欢乐赏春的气氛。

（七）斗鸡

古代清明节盛行斗鸡游戏。我国最早的斗鸡记载见于《左传》。到了唐代，斗鸡成风，不仅民间斗鸡，连皇上也参加斗鸡，如唐玄宗最喜斗鸡。

（八）蚕花会

中国是一个养蚕大国。养蚕是民间一大行业，因此与蚕有关的民俗活动也较多。清明前后，很多地区都有祭蚕的仪式。祭蚕是为了祈求蚕业丰收，部分地区民众祭蚕的目的还有求子。蚕花会虽然只有一天，却是四方乡民的狂欢节。蚕花会是蚕乡一种特有的民俗文化。过去清明节期间，梧桐、乌镇、崇福、洲泉等地都有此项民俗活动。其中以洲泉的马鸣庙蚕花会尤为精彩隆重。马鸣庙位于洲泉镇西，在当地有"庙中之王"之称，每年蚕花会人山人海，活动频繁，有迎蚕神、摇快船、闹台阁、拜香凳、打拳、龙灯、翘高竿、唱戏文等十多项活动。这些活动有的在岸上进行，绝大多数在船上进行，极具水乡特色。近几年乌镇香市活动中的蚕花会仅有迎蚕神、踏白船、翘高竿等几个项目，大有潜力可挖。

（九）植树

清明前后，春阳照临，春雨飞洒，种植树苗成活率高。因此，自古以来，中国就有清明植树的习惯。

三、我国部分地区清明节风俗

（一）河北省

在河北，上坟烧纸钱讲究"早清明，晚十一（十月初一，农历四大鬼节之一）"。扫墓烧纸在清明节前一周就开始了，而清明节当天已很少有人去扫墓。部分地区的民众则选择在清明节的前一天扫墓。男女出郊踏青、看花、挑菜、簪柳。

（二）上海市

对上海人而言，青团是清明祭祖时必不可少的供品。将雀麦草汁和糯米一起舂合，使青汁和米粉相互融合，然后包上豆沙、枣泥等馅料，用芦叶垫底，放到蒸笼内蒸。蒸熟出笼的青团色泽鲜绿、香气扑鼻，是上海清明节最有特色的节令食品。

（三）福建省

福建闽南地区的民众并不一定只在清明节扫墓。泉州习俗是在清明节前后几天扫墓，漳州人会选在三月初三的上巳节前后扫墓，客家人则通常在春节之后。清明节当天，许多人家一般不煮食物，只吃冷的润饼。

（四）浙江省

浙江桐乡市民间流传着"清明大如年"的俗语，清明轧蚕花是最具代表性的活动之一。在湖州，清明节家家裹粽子，粽子既可作为上坟的祭品，也可作为踏青带的干粮。农家有清明吃螺蛳的习惯,这天用针挑出螺蛳肉烹食,叫"挑青";吃完后将螺蛳壳扔到房顶上,据说屋瓦上发出的滚动声能吓跑老鼠,有利于清明后的养蚕。

(五)广东省

传统的广州人向来重视清明扫墓,有在清明节当日"行清"的习俗。"行清"与踏青不同,踏青是郊游,"行清"则是一族人约定那一天一起去扫墓。按照旧的习俗,扫墓时,人们要携带酒食果品、纸钱等物品到墓地,将食物供祭在亲人墓前,再将纸钱焚化,为坟墓培上新土,折几枝嫩绿的新枝插在坟上,然后叩头行礼祭拜,最后吃掉酒食回家。广州人祭祀完,分了猪肉,并不算完成了拜祭形式,家人会将猪肉带回家,配上清明时节的蔬菜炒着吃,吃完了这些菜肉,这一年的"行清"任务才算完成。

(六)河南省

在河南,清明时节人们最常吃馓子、枣糕、鸡蛋等食物。"馓子"为油炸食品,古时叫"寒具"。寒食节禁火寒食的风俗在大部分地区已不流行,但馓子仍深受世人的喜爱。枣糕又叫"子推饼"。河南人还习惯将枣糕制成飞燕形,用柳条串起挂在门上,以纪念介子推不求名利的高尚品质。在河南的一些地方,清明节吃鸡蛋就如同端午节吃粽子、中秋节吃月饼一样。当地民众认为,在清明节吃个鸡蛋,一整

年都有好身体。

(七)山西省

清明节上坟,山西南部多数地方不燃香、不化纸,而是将冥钱等物悬挂于坟头,有"清明坟头一片白"的说法。部分地区的民众在上坟时要用嵌枣糕在坟头滚来滚去。

(八)海南省

海南人扫墓时,以猪、鹅、鱼、糕点心祭祀,焚香化宝。也有部分民众抓猪拉羊到始祖坟上祭祀,祈求后代子孙繁荣。那些终日生活在船上的渔民,在清明时节,往往会在船头燃放鞭炮,祈求先人保佑风调雨顺、后辈平安。

(九)江苏省

"天下会船数溱潼",这句话早已蜚声海内外,在姜堰乃至泰州更是家喻户晓,无人不知。与其他的会船相比,溱潼会船独有几大特点,这足以使它名扬天下:① 规模宏大,场面壮观。仅在会船节开幕式这一天,集中到溱潼的船只就达500条以上。船上水手

达到上万人,湖岸的观众达到10万人。这是省内外专家公认的在全国乃至全世界绝无仅有的特大型水上民俗活动。② 形式多样,内容丰富。溱潼会船的船只种类很多,如篙船、划船、贡船、龙船、花船等。溱潼会船的活动形式也很多,如撑船、划船比赛、戏曲、歌舞、舞龙、舞狮、荡湖船等。③ 特色鲜明,别具一格。溱潼会船的活动区域处在相对封闭的里下河水乡腹地,根植于江淮稻作文化,故具有鲜明的地域特色。与我国大部分地区在端午节划龙舟不同,溱潼会船所选的时节为清明前后。此时春暖花开,人们正好借会船活动舒展筋骨,所以参加者特别多。会船时所用的器具都是平时生产生活所用的船只、竹篙、板锨等,最多将船略加装饰、改造,这恰恰形成了溱潼会船的特色。特别是竹篙撑船,而且一船多篙,加快速度,加强气势,这是举世罕见的。

四、扬州清明节风俗

"清明时节雨纷纷,路上行人欲断魂。借问酒家何处有?牧童遥指杏花村。"正如诗中所写,每年的清明节通常会下一场淅淅沥沥的小雨,这雨增添了几分淡淡的哀伤和忧愁。扬州的清明节风俗丰富多样,让我们一起来看看吧。

(一)祭拜祖先

祭祖即民间说的"上坟"。扬州有"早清明,晚大冬,七月半的亡人等不到中"的说法,意思是清明上坟扫墓要越早越好。清明前后,人们要到过世的亲人的坟头填土、压纸、焚香、烧纸钱。

对新坟需去坟前祭拜,三年后可在家祭拜。在家里祭拜时,要将祖先的牌位或者照片放在桌上,用香火供起来,摆上饭菜。菜中一定会有凉粉和青菜豆腐,寓意先祖保佑子孙后代。

(二)一天不洗晒

清明时节,老扬州有个习俗——一天不洗晒。一些讲究的人家,在清明前一天就不洗晒了。据老一辈的扬州人介绍,相传阴曹地府中的鬼一年中只有清明这天才可以洗衣晒衣,活人不能跟死人抢太阳,所以清明这天一般是不会洗衣晒衣的,就连晾在外面的鞋子等也要收进屋中。

(三)挖野菜

南宋词人辛弃疾的《鹧鸪天》中有这样一句话:"城中桃李愁风雨,春在溪头荠菜花。"阳春三月,正是盛产野菜的季节。扬州人在清明的时候要吃"五新",即甜菜头(枸杞头)、黄黄子(秧草)、芦蒿、马郎头(马兰头)和香椿。野菜营养丰富,清香可口,已成为人们餐桌上的新宠。

(四)插柳戴柳

扬州有句谚语:"清明不插柳,死后变黄牛。"扬州方言中,"柳"与"牛"同音,而这句谚语的意思是清明踏青

中国节·中国味·民族情

不插一枝柳条在身上辟邪,死了以后会变成黄牛。清明节是杨柳发芽返绿的时间,扬州有折柳、戴柳、插柳的习俗。人们把折下的柳条编成帽子戴在头上,或带回家插在门楣、屋檐上。

(五) 放风筝

清朝的黄鼎铭在《望江南百调》中写道:"扬州好,胜日爱清明。白袷少年攀柳憩,绣鞋游女踏莎行,处处放风筝。"

老扬州有清明放风筝接祖宗的说法。每逢清明,庙里就会放很多风筝,那些风筝都带有铃铛,据说是为了接祖宗回家。

清明时节,放风筝是一种游艺活动。扬州人俗称风筝为"鹞子",将放风筝俗称为"放鹞子"。等到风筝被送上天空后,将风筝线剪断,让风筝顺风飞去,俗传此举可将全家人的晦气随风筝带走。因此,扬州人也将放风筝俗称为"放晦气"。如今,放风筝已成为春天市民休闲娱乐的重要活动之一。

(六) 吃大粉

对于老扬州来说,清明节这一天有一堆"规矩",譬如要吃大粉。大粉即凉粉,是扬州人家清明节不可或缺的一道菜。过去人们买不起肉,只好买大粉来做菜,因为大粉看起来"有点像肉"。

清明节诗文赏析

清 明

【唐】杜 牧

清明¹时节雨纷纷²,路上行人欲断魂³。借问⁴酒家何处有?牧童遥指杏花村⁵。

注释

1. 清明:二十四节气之一,在阳历四月五日前后。旧俗当天有扫墓、踏青、插柳等活动。
2. 纷纷:形容多。
3. 欲断魂:形容伤感极深,好像灵魂要与身体分开一样。断魂,神情凄迷,烦闷不乐。
4. 借问:请问。
5. 杏花村:杏花深处的村庄。今

在安徽池州秀山门外。受此影响,后人多用"杏花村"作酒店名。

译文

清明时节细雨纷纷飘洒,路上羁旅行人个个落魄断魂。

借问当地之人何处可买酒浇愁?牧童遥指杏花深处的山村。

赏析

诗的首句"清明时节雨纷纷",点明诗人所置身的时间、气象等条件。清明节为唐代的大节日之一。这一天,人们或合家团聚,或上坟扫墓,或郊游踏青,活动多样。但是,杜牧在池州所过的清明节却不见阳光。

第二句"路上行人欲断魂",由写客观事物转为状摹主观事物,着重写诗人的感情世界。他看见路上行人悼念逝去亲人,伤心欲绝,悲思愁绪。

"借问酒家何处有"一句,诗人融景伤怀至极,而又要冒雨赶路,雨湿衣衫,春寒料峭。诗人希冀借酒消愁,于是,他便向人问路了。

结句"牧童遥指杏花村",点明了上句诗人问路的对象。"牧童遥指"把我们带入了一个与前面哀愁悲惨迥异的焕然一新的境界。远处杏花似锦,春意闹枝,村头酒旗飘飘,真有"柳暗花明又一村"的韵致。

诗的前两句描绘了一幅凄迷感伤的画面,后两句则描绘了一幅鲜明生动的画面,前抑后扬,对比交错,相映成趣,与诗人的感情脉络一致。

清 明 夜

【唐】白居易

好风胧月清明夜[1],碧砌[2]红轩刺史家。
独[3]绕回廊[4]行复歌,遥[5]听弦管暗看花[6]。

注释

1. 清明夜:清明节的夜晚。
2. 砌(qì):台阶。
3. 独:独自。
4. 回廊:回旋的走廊。
5. 遥:遥远,远远。
6. 看花:赏花。

译文

清明节夜晚,清风习习,月夜朦胧,我在有着碧玉台阶和红色长廊的刺史府中。

独自在回廊中行而复歌,听着从远处传来的管弦之声,默默地欣赏花。

赏析

第一句描写出诗人所处的环境是宜人的,月色是朦胧的。美好的月色使诗人沉醉于清明之夜。对环境的交代衬托出了诗人对美景的爱惜。

第二句,诗人用"碧"和"红"这两种鲜亮的颜色显示了自己愉悦的内心。

第三句写诗人处在如此清明之夜迷人的月色中,喜上心头,在回廊里来回行走。

第四句交代诗人思绪飘向了远方,恰又听到了从远方传来的管弦之声,于是诗人安静下来认真倾听弦声,默默赏花。"遥听"和"暗看"也写出了诗人对现实的关注。

整首诗妙在未写清明之夜的清冷,却有它的自成一格。虽为清明,却意在纸外,写出了诗人的闲适心情。

寒　食

【唐】韩　翃

春城¹无处不飞花,寒食²东风御柳³斜。
日暮汉宫⁴传蜡烛⁵,轻烟散入五侯⁶家。

注释

1. 春城:暮春时的长安城。
2. 寒食:古代在清明节前一两天的节日,禁火三天,只吃冷食,所以称寒食。
3. 御柳:御苑之柳,皇城中的柳树。
4. 汉宫:这里指唐朝皇宫。
5. 传蜡烛:寒食节普天下禁火,但权贵宠臣有皇帝恩赐而可以燃烛。
6. 五侯:这里泛指天子近幸之臣。

译文

暮春时节,长安城处处柳絮飞舞、落红无数,寒食节东风吹拂着御苑中的柳枝。

暮色降临,宫里忙着传蜡烛,袅袅轻烟散入王侯贵戚的家里。

赏析

第一句"春城无处不飞花"。"春城"指暮春时的都城长安。"飞花"即花瓣纷纷飘落,点明暮春季节。"无处不",用双重否定构成肯定,进而写出整个长安柳絮飞舞、落红无数的迷人春景。第二句"寒食东风御柳斜"写皇宫园林中的风光。"御柳"是指御苑中的柳树。当时风俗为寒食日折柳插门,清明这天皇帝还要降旨取榆柳之火赏赐近臣,以示恩宠。所以,诗人在无限的春光中特地剪取随东风飘拂的"御柳"。

诗的前两句写的是白昼,后两句则是写夜晚:"日暮汉宫传蜡烛,轻烟散入五侯家。""日暮"就是傍晚。"汉宫"是借古讽今,实指唐朝的皇宫。"五侯"一般指东汉时同日封侯的五个宦官,这里借汉喻唐,暗指中唐以来受皇帝宠幸、专权跋扈的宦官。这两句是说寒食节这天家家都不能生火点灯,但皇宫例外,天还没黑,宫里就忙

着分送蜡烛。除了皇宫,贵近宠臣也可得到这份恩典。诗中用"传"与"散"生动地画出了一幅夜晚传烛图,使人如见蜡烛之光、如闻轻烟之味。

这首诗善于选取典型的题材,引用贴切的典故对宦官得宠专权的腐败现象进行讽刺。

清明即事
【唐】孟浩然

帝里[1]重清明,人心自愁思。
车声上路合,柳色东城翠。
花落草齐生,莺飞蝶双戏。
空堂坐相忆,酌茗[2]聊代醉。

注释

1. 帝里:京都。
2. 茗:茶。

译文

京城一年一度又是清明,人们的心里自然就起了忧愁思念。

马车声在路上繁杂地响着,东城的郊外杨柳一片青翠。

花落了,草都长了出来,鸟儿在飞,蝴蝶成双成对在嬉戏。

坐在空空的大堂里回忆往昔,用喝茶聊天代替醉酒。

赏析

"帝里重清明,人心自愁思",一个"重"字,一个"愁"字,开篇明义。京城一年一度又是清明,也许清明是一个普通的日子,然而漂泊在外的游子此刻的心中却存着一片愁楚。一开篇,全诗就置入了愁绪中,奠定了抒情状物的基调。清明节,唐人有游春访胜、踏青戴柳、祭祀祖先的风俗,往往倾城而出。"车声上路合,柳色东城翠"就惟妙惟肖地点染出了这种境界。说点染,是因为作者并未进行全景式的描述,而是采用动静结合、声色俱出的特写手法。远处,甬路上传来了一阵吱吱嘎嘎的行车声,这声音有些驳杂,看来不是一辆车,它们到哪里去呢?"柳色东城翠",原来是到东城去折柳踏青。

接着,"花落草齐生,莺飞蝶双喜",诗人又把目光转向了绿草青青的郊外。花儿轻盈地飘落,而绿油油的小草却齐刷刷地探出了头,给这世界点缀了一片新绿。群莺自由自在地翱翔,美丽的蝴蝶成双成对地嬉戏,一切生命都在尽享大自然的温柔和丽,这该是何等畅快、舒心。

然而诗人并未"渐入佳境",笔锋一转,把目光收回身旁。"空堂坐相忆,酌茗聊代醉",一动一静两个镜头令我们仿佛看到了诗人坐在旷室中,痴痴地追忆什么,继而端起茶杯,默默一饮而尽。这里的孤寂、愁思同欣欣向荣的大自然、欢愉的郊游人群形成

13

了一种鲜明的对比。

融融春光下诗人抒写了无尽的感慨,个中滋味令人咀嚼不尽。诗人想入仕途却又忐忑不安;欲走进无拘无束的大自然,却又于心不甘。种种矛盾的情绪扭结在一起,自然而传神地表达出诗人微妙、复杂的内心世界。

途中寒食
【唐】宋之问

马上逢寒食[1],途中属暮春。
可怜[2]江浦望,不见洛桥[3]人。
北极怀[4]明主,南溟作逐臣。
故园[5]肠断处,日夜[6]柳条新[7]。

注释

1. 寒食:寒食节。
2. 可怜:可惜。
3. 洛桥:今洛阳灞桥。
4. 怀:惦念。
5. 故园:家园。
6. 日夜:日日夜夜。
7. 柳条新:新的柳条。

译文

暮春时节,在骑马回乡途中正逢寒食节。可惜在江边的码头上看不见来自洛阳灞桥的离人。

虽然被贬为下臣放逐到南方,心中还是惦念着北方英明的君王。故乡家园,令人伤心断肠的地方,经历了日日夜夜之后,新的柳条又长出来了!

赏析

这是一首五言律诗,是诗人被贬到泷洲后,次年春秘密返回洛阳探望友人时所作的诗。

前两句写寒食景象,为下面的抒情做铺垫。后两句直接抒情,抒发失去家园之痛。在路途中,正逢寒食节,作者借用途中遇到的景物抒发对故乡的怀念之情和对君主的惦念。

清明节文化活动——扫墓祭祖

清明节是中华民族纪念祖先的传统节日,其主要活动是扫墓祭祖。几千年来,人们在这个"气清景明"的节气中,进行"祭之以礼"的追远活动,为已逝的亲人、祖先庄重地送上自己的思念与敬意。

一、"扫墓祭祖"的意义

"追远"不仅有"民德归厚"的教化意义,还会让我们获得面向未来的力量,确定个体与时代的历史位置。在崇拜"新"与"未来"的今天,这是必不可少的仪式。这是尊重生命与敬畏历史的不绝之流。

中国人对先人的祭祀是道德信仰,是表达情感的诗意之举,是发自个体情感的感恩与缅怀。冯友兰曾说:"行祭礼并不是因为鬼神真正存在,只是祭祖先的人出于孝敬祖先的感情,所以礼的意义是诗的,不是宗教的。"谁都清楚,祭奠的酒馔"一滴何曾到九泉",我们却相信亲人、先祖能够领受我们的祭奠与情意。这种庄重的仪式是一种情感的、诗意的、道德意义上的真实。

二、"扫墓祭祖"的历史由来

祭祖民俗相沿数千年。据史书记载,三国时期,墓祭已成为不可或缺的礼俗活动。随着祖先崇拜和亲族意识的越来越强固,远古时代没有被纳入规范的墓祭也被归入了"五礼"中,之后朝廷的推崇也使墓祭活动更为盛行。

冬去春来,草木萌生,人们来到先人的坟墓前,会亲自察看坟墓是否因雨季来临而塌陷,或被狐兔穿穴打洞。在祭扫时,给坟墓铲除杂草、添加新土,供上祭品烧猪,燃香奠酒,焚烧纸钱及举行简单的祭祀仪式以表示对祖先的怀念。

清明扫墓祭祖是中华民族敦亲睦族、行孝品德的具体表现。如今,清明节成为全球华人的重要节日之一,不少海外侨胞、华裔也都有清明回乡扫墓的习惯,以示不忘先人、不忘故土的爱国之情。

三、"扫墓祭祖"的准备

据明代《帝京景物略》载:"三月清明日,男女扫墓,担提尊榼,轿马后挂楮锭,粲粲然满道也。拜者、酹者、哭者、为墓除草添土者,焚楮锭次,以纸钱置坟头。望中无纸钱,则孤坟矣。哭罢,不归也,趋芳树,择园圃,列坐尽醉。"这段记载提到了清明扫墓时携带的物品。下面就和大家谈一谈清明节扫墓必须要带的物品。

1. 香烛:香烛是清明扫墓必备的、最重要的物品。不仅要在先人墓前点燃香烛,还要奉香给看管墓地的山神土地,祈求山神土地守护好墓地,保佑先人亡灵。

2. 纸钱:纸钱是要烧给逝者的,以便他们在阴间有钱花。

3. 素酒:扫墓的过程,相当于带

着吃食来为先人过节,所以要向先人奠酒,酒为扫墓必备的。

4. 水果、点心:水果以各地时令水果为宜,没有什么特别的要求;点心可视具体情形而定。

5. 饭菜:以先人生前喜欢吃的为佳。

6. 鲜花:菊花有追思和怀念的含义,清明上坟用的鲜花一般以菊花为宜。

7. 包袱:即扫墓者给逝者带的吃穿用度之物,因用白纸糊一大口袋而得名,内装冥钞以及各种纸做的"元宝""衣服""家具"。将"包袱"烧了就意味着将这些物品送给了先人。

四、"扫墓祭祖"的步骤

按照习俗,祭扫的顺序首先是扫墓,即将墓园打扫干净,其次是祭祀。

人们携带酒食果品、纸钱等物品到墓地,将食物供祭在亲人墓前,再将纸钱焚化,为坟墓培上新土,修整坟墓,折几枝嫩绿的新枝插在坟上,还要在上边压些纸钱,然后叩头行礼祭拜。此后可围坐聚餐饮酒,也可放风筝。

五、"扫墓祭祖"的注意事项

1. 并不是所有民族都在清明节当日祭祖。我国是一个多民族的国家,每个民族都有自己的一套风俗习惯。虽然清明扫墓祭祖早已在许多人心中打上了烙印,但我国的一些少数民族会在其他的一些民族节日中进行类似的活动,如小年、除夕夜、正月十五、七月十二、七月十五等日子都是一些民族的传统祭祀日。

2. 常规顺序不可反。扫墓祭祖是有先后顺序的,一般都是先把墓园或墓地打扫干净然后才祭祀。由于祭祀是相当讲究风水和礼节的,所以先后顺序尽可能不要出现差错。

3. 扫墓的最佳时间。最佳的扫墓时间为寅时,也就是凌晨3至5点。不过由于墓地大多离居住地较远,甚至不在日常生活工作的城市,人们扫墓通常都不会这么早,但最好是在下午3点前完成扫墓拜祭。

4. 悼念逝者应买白色菊花。我国古代把菊花当作寄托之花。白色菊花是最适合的,代表着对逝者的尊敬。

5. 扫墓前须禁食。当你动身开始扫墓,就最好不要吃食物或只食素。另外还强调衣着整齐,以表示对先人的礼貌和尊重。

6. 扫墓时不可嬉笑怒骂。因为墓地是故人的安居之所,不可跨过坟墓及供品,不可嬉笑怒骂,更不能践踏别家坟墓或对墓穴设计评头论足,否则会被视为亵渎。

7. 不可在先人墓地照相。在墓地最好不要照相,更忌讳照相时将其他坟墓拍进镜头。

8. 忌讳探视朋友亲人。清明节当日最好不要去探视亲朋好友。因为清明节是祭奠的特殊时候,此时去探视亲朋好友不合时宜。

9. 清明节着装要求。清明节拜祭时忌穿鲜艳的衣服,应穿上素色的服饰。另外,不要佩戴红色的配饰。

10. 清明节拜祭辈分次序要求。拜祭要分先后次序,父亲、母亲、长男、长女、次男、次女,以此类推。拜祭完毕后,众人才可食取祭品。

六、"扫墓祭祖"的发展

清明节扫墓是我国民间一大习俗,一般携带纸钱、鞭炮、贡品等。不过,随着社会的发展、人类文明的进步,近几年国家提倡文明扫墓。

1. 音乐祭祀：播放逝者生前最喜爱的歌曲,表达对故人的缅怀之情。

2. 鲜花祭祀：用逝者生前最喜爱的鲜花祭扫,或参加各公墓组织的"鲜花换烧纸"活动。

3. 植树祭祀：通过植树祭奠故人。

4. 洗墓祭祀：清洗墓碑表达思念。

5. 家庭追思会：将逝者生前的照片、录像资料制作成光盘,组织家庭成员观看,进行追忆。

6. 网上祭祀：通过互联网表达对已故亲人的哀思。

7. 社区公祭：聘请专职礼仪师进驻社区,由社区组织辖区居民敬放过逝亲属遗像,敬放水果、果品、气球等,由逝者家属宣读祭文,公祭群众敬献鲜花。

8. 签名祭祀：可组织集体签名,追思祭祖。

清明节综合实践活动

一、活动名称

活动名称为"清明文明"祭。

二、时间范围

清明节是中国重要的"时年八节"

之一,一般是在公历4月5日前后。清明节综合实践活动应该从4月1日开始,为期两个星期左右。

三、活动背景

节日是一种文化现象,清明节更是如此。随着社会的发展,人民的生活水平在不断地提高,在清明节来临之时,人们怀念、祭祀先辈的仪式一年比一年隆重。

为了提倡低碳环保、节约的生活,我们举行"清明节文明祭"综合实践活动。

四、目的意义

清明节是我国重要的传统节日,是进行革命传统教育和传统美德教育的极好时机,因此,为了进一步落实和加强对未成年人的道德教育,对学生进行爱国主义教育、党史国情教育,我们结合清明节这一节庆教育的契机,组织一系列活动,旨在祭奠先人、先烈、先贤,引导学生在缅怀先辈的活动中认知传统、尊重传统、继承传统、弘扬传统,增进学生的爱党、爱国、爱社会主义的情感,营造文明和谐的社会环境。

五、活动目标

1. 了解清明节的知识,缅怀英烈、祭奠逝者、悼念先人、寄托哀思。

2. 了解当前百姓是如何在清明节中进行祭祀的,有哪些陋习,有哪些危害。

3. 从我做起、从现在做起——清明节文明祭。

六、团队分工

学工处、团委主抓,各系部具体负责分发相关任务,班主任将活动要求落实到位。各班根据学生特长和居住地域分组,民主推选组长,由组长负责人员分工。

组名	任务	活动方式	组长	人员分工
搜集整理清明节知识小组	清明节的来历、习俗等	找家长咨询,通过网络、报刊查阅		
调查清明节祭祀陋习小组	对自然生态的破坏情况、浪费情况	找家长和商家咨询,在家长带领下实地查看		
总结倡议小组	针对问题提出文明祭祀的方法	活动汇报结束后总结并发出倡议		

七、活动流程

(一)准备阶段

1. 活动前,教师布置任务,按照学生家庭情况(有无上网设备、家长文化程度)和居住地域(是否在农村,便于实地调查)进行分组。

2. 教师检查组长分工情况,看分工是否合理。

3. 学生按任务搜集准备各种资料

（指导老师可帮助提供资料）。

4．清明节结束召开总结会，学生分组汇报调查结果，根据亲身感受谈感想，教师引导小结。

5．从低碳环保和节约出发发出倡议活动。

活动注意事项：

（1）活动在家长或老师带领下进行，注意安全。

（2）调查采访时态度要诚恳，注意文明礼貌，并做相应的记录，实地调查时注意不要破坏公共设施和农作物。

（二）实施阶段

阶段一：分组确定研究项目（准备阶段）

从街头清明节祭祀品引出课题"清明节文明祭"。

1．老师提出可以研究的相关问题：

（1）关于"清明节"你了解多少？

（2）你知道"清明节"祭扫时有可能出现哪些问题？

（3）对于清明节你还有什么想法？

2．学生分组确定研究问题：

（1）根据问题的类别，学生自由选择，成立研究小组（互相协调）。

（2）分组讨论要采用何种研究方法（上网查资料、调查、访问等）。

（3）老师进行适当的引导、帮助。

（4）确定研究专题：① 清明节的来历；② 当地清明节祭祀方式；③ 清明节祭祀方式新畅想。

（5）分组制订研究计划。

各组制订详细的调查计划和方法，设计调查表格和访问记录表。组员分工，商讨在调查中可能出现的问题及解决办法，老师及时指导。

阶段二：各小组展开研究（实施阶段）

1．每个小组分头行动，通过不同的方法、不同的途径最终获得所研究问题的结果，并填写探究记录表。（小组成员分工协作）

组别		任务	
组长		组员	
内　容			
成果和体会			

2．各小组整理归纳研究成果。

阶段三：汇报、展示成果（展示阶段）

1．交流研究成果。

各小组可由1~2名学生向其他学生介绍本组获得的成果及在研究过程中使用的一些方法，同时出示相关资料，并介绍资料的来源。

2．老师归纳总结各组的研究成果，并展示。

阶段四：发出倡议（延伸阶段）

八、评价反馈

从创意性、参与度、效果三个维度，从个人点评、小组互评、教师评价三个方面，按照3∶3∶4的权重对每位学生在活动各环节中的表现进行评价。

此次综合实践活动突破了教材和学校的局限，拓宽了学生的知识领域，

使学生了解了清明节的许多知识,培养了一定的查找、搜集、整理信息的能力,学生的社交能力及综合实践活动能力也得到了一定程度的锻炼。

附

1. 中国清明网:www.tsingming.com。网上祭祀的方式更加低碳环保,可以通过中国清明网的祭奠平台寄托对逝者的哀思。

2. 清明节文明祭扫宣传标语举例:关心生者,关爱逝者,关怀人生;清明时节雨纷纷,一束鲜花祭故人;迷信烧纸何须用,文明祭扫慰故人;逝人鲜花祭,美好你我他;文明祭扫,为创建山水生态园林城尽一份微薄之力。

清明节语文综合实践活动设计方案

一、活动名称

活动名称为"文明祭扫,树立新风"。

二、活动背景

清明节,又叫踏青节,是中国传统节日,也是最重要的祭祀节日之一。清明节时,我们缅怀英烈,祭奠逝者,悼念先人,寄托哀思,是为了更好地了解清明的文化习俗,感受中华民族文化的魅力与丰富内涵。

三、活动目标

1. 通过调查、访谈等活动,了解清明节的文化习俗,培养查找、搜集、筛选、整理信息的能力。

2. 掌握倡议书的基本格式及写作要求,撰写清明节文明祭祀倡议书。

3. 感受清明文化的魅力与丰富内涵,树立文明祭扫的理念。

四、重点与难点

重点:掌握倡议书的基本格式及写作要求。

难点:撰写格式规范、内容具体、语言简洁的倡议书。

五、活动准备

1. 以小组为单位通过网络、书籍等途径搜集、整理资料,了解清明节祭祀风俗的由来。

2. 教师引导,确定以"当地祭祀风俗"为调查内容。

六、活动实施过程

(一)准备阶段

1. 学生自主成立活动小组,在教师指导下明确调查方式、步骤、注意事

项等。

2. 各组设计调查表和访问记录表,制订详细的调查计划。组员明确分工,每人领取相应的任务。

3. 教师先提供有关倡议书的基本资料,引导学生充分利用图书馆、网络等途径获取相关资料。

(二)实施阶段

1. 课前任务。

(1)各小组按照计划调查当地祭祀风俗,并从文明祭祀的角度进行反思,填写调查表和访问记录表。

(2)各小组思考文明祭扫的方式,撰写一篇清明节文明祭祀倡议书。

2. 课堂交流。

(1)各小组将完成的调查成果及倡议书展示给班级其他小组。

(2)在教师的指导下,各小组自由讨论,找出倡议书的优点和缺点。

(3)教师讲授撰写倡议书的要求。

① 格式要正确。

倡议书是为倡议、发起某项活动而写的具有号召性的专用书信。倡议书一般由标题、称呼、正文、结尾、落款五部分组成。

建议1:倡议书标题一般由文种名独自组成,即在第一行正中用较大的字体写"倡议书"三个字。还可以由倡议内容和文种名共同组成。如"文明祭扫倡议书"。

建议2:倡议的内容一般是分条开列的,这样写往往清晰明确,一目了然。

② 内容要充实。

建议:正文部分写明倡议的具体内容和要求。倡议的内容一定要具体化。开展怎样的活动,要做哪些事情,具体要求是什么,它的价值和意义都有哪些均须一一写明。

③ 语言要简明,要有号召力。

建议1:正文要写倡议书的背景原因和目的。倡议书的发出旨在引起广泛的响应,只有交代清楚倡议活动的原因,以及当时的各种背景事实,并申明发布倡议的目的,人们才会理解和信服,才会自觉地行动。

建议2:结尾要表示倡议者的决心和希望或者写出某种建议。倡议书一般不在结尾写表示敬意或祝愿的话。

(4)课后作业:学生对原来的倡议书进行修改。

七、活动评价

1. 创意性:此活动突破了教材和学校的限制,拓宽了学生的知识领域,使学生了解了清明节祭祀风俗的相关知识,感受了中华民族文化的丰富内涵,培养了一定的查找、搜集、整理信息的能力。

2. 参与度:所有同学都参与了活动,大家根据自己的特长进行分组,然后在组间协调分工,各展所长。

3. 效果:学生在活动中树立了文明祭扫的理念,并且能将自己的活动成果向更多的人展示,增强了交流合作的能力,提升了喜悦感和成就感,锻炼了社交能力及综合实践活动能力。

附　活动成果

清明节"文明祭扫"倡议书

一年一度的清明节即将到来,在这缅怀故人、寄托哀思的时节,为树立文明新风,倡导文明、环保、安全的祭祀方式,我们特倡议如下:

一、文明祭祀

大力提倡通过献一束花、敬一杯酒、植一棵树、讲一段往事等健康时尚的方式来怀念先人,将祭拜逝者的传统习俗以更加健康、文明的方式表达,倡导文明新风,营造文明祭祀的社会氛围。

二、科学祭祀

摒弃焚烧纸钱、冥物等祭奠方式,树立科学意识,倡导文明祭祀的新风尚。提倡网上祭奠、公祭悼念、家庭追思等现代祭扫活动。

三、环保祭祀

树立环保意识,做到不污染环境、不影响他人生活,大力维护优美整洁的城乡环境,自觉做到不烧纸钱、撒冥币、鸣鞭炮。

四、节俭祭祀

提倡对长辈尽孝心,多关心长辈,使他们老有所养、老有所乐;老人逝去后,不大操大办、铺张浪费、相互攀比,以节俭方式寄托哀思。

五、安全祭祀

严格遵守有关防火规定,不违规用火。为保证祭祀活动的安全有序,尽量乘坐公交车辆出行。驾驶机动车辆出行时,要自觉遵守交通法规,服从交通民警的指挥。

让我们携起手来,从现在做起,从我做起,从点滴做起,用实际行动使清明节成为播撒文明、提升素质的窗口,让清明节成为安全、文明、和谐的节日。

扬州旅游商贸学校 15108 班

2016 年 3 月 28 日

第二模块

端午节

端午节是古代风俗遗存最多的节日,也是风俗形成最复杂的节日。从某种意义上说,端午节是个"最有文化"的节日。根据学者的考证,作为夏季里最大的传统节日,端午的起源、形成与夏季的时令有着密切的关系。古人在日夜循环、寒暑更替中逐渐体验到自然季节变换的节奏,并制定历法对此加以记录。仲夏正是阴阳交替的月份,仲夏的至日被称为夏至,是一年里白昼最长的一天,从此以后,白昼渐短,黑夜渐长。古人认为,夏至这天,阳气至极,阴气始至,也就是阳气达到极盛,阴气开始逐渐上升。以夏至为分界的自然界变化影响着古人的生产和生活,必然引起古人的关注。为了提示这一阴阳变化的关键时日,古人会举行一定的仪式。这仪式也就是端午风俗的滥觞,它以"阴阳争,死生分"为最重要的背景。

端午节风俗

一、端午节由来

"端"是开始的意思。"端午"一词最早出现于西晋名臣周处的《风土记》中。《风土记》里说:"仲夏端午。端者,初也。"每月有三个"五日",即五、十五、二十五,第一个"五日"就是"端五"。农历的正月为寅月,按地支"子、丑、寅、卯、辰、巳、午、未、申、酉、戌、亥"顺序推算,第五个月正是午月。古人常把"五日"写成"午日",所以"端五"可以写成"端午"。到了唐代,因唐玄宗是八月五日生,为避"五"字讳,当时的宰相宋璟提议,将"端五"正式改为"端午"。因古人又常把"午时"当作"阳辰",于是端午又可称"端阳"。端午节的由来与传说有很多。关于端午节起源的主要观点有以下四种。

(一)源于纪念屈原

关于端午节的起源的第一种说法是为纪念历史上伟大的诗人屈原。这种说法在全国流传最广,老百姓也最认可。

屈原是春秋时期楚怀王的大臣。他倡导举贤授能、富国强兵,力主联齐抗秦,却遭到贵族子兰等人的强烈反对。后来屈原遭谗去职,被赶出都城,流放到沅、湘流域。他在流放中写下了忧国忧民的《离骚》《天问》《九歌》等不朽诗篇,独具风貌,影响深远。公元前278年,秦军攻破楚国京都。屈原眼看自己的祖国被侵略,心如刀割,但是始终不忍舍弃自己的祖国,于五月五日,在写下了绝笔作《怀沙》之后,抱石投汨罗江身死,以自己的生命谱写了一曲壮丽的爱国主义乐章。传说屈原死后,楚国百姓哀痛异常,纷纷涌到汨罗江边去凭吊屈原。渔夫们划起船只,在江上来回打捞他的尸体。有位渔夫拿出为屈原准备的饭团、鸡蛋等食物,"扑通扑通"丢进江里,说是鱼龙虾蟹吃饱了,就不会去咬屈原的身体了。人们见后纷纷仿效。一位老医师则拿来一坛雄黄酒倒进江里,说是要药晕蛟龙水兽,以免它们伤害屈原。后来因为怕饭团为蛟龙所食,人们想出用楝树叶包饭团、外缠彩丝的方法。这种方法后来发展成裹粽子。

以后,在每年的五月初五,民间就有了龙舟竞渡、吃粽子、喝雄黄酒的风俗,以此来纪念爱国诗人屈原。

(二)源于纪念伍子胥

在江苏、浙江一带流传着端午节纪念春秋时期伍子胥的传说。伍子胥,楚国人,父兄均为楚平王所杀。后来伍子胥逃到吴国,助吴伐楚。当时楚平王已死,伍子胥掘墓鞭尸,以报杀父兄之仇。吴王阖闾死后,其子夫差继位。吴军士气高昂,百战百胜。越国大败后,越王勾践请和,夫差接受勾践称臣。伍子胥建议夫差彻底消灭越国。夫差没有听取伍子胥的建议,反倒听信谗言,以为伍子胥意图谋反,便赐伍子胥宝剑,令其自刎。伍子胥本为忠良,视死如归,在死前对邻舍人说:"我死后,将我的眼睛挖出悬挂在东门之上,以看越国军队入城灭吴"。夫差闻言大怒,命令将伍子胥的尸体装在皮革里于五月五日投入大江。

(三)源于纪念孝女曹娥

关于端午节起源的第三种说法是为纪念东汉孝女曹娥。曹娥是东汉上虞人,其父亲五月五日溺死于江中,找了多日都未找到尸体。当时孝女曹娥年仅十四岁,昼夜沿江号哭,过了十七日投江自尽。五日后,她的尸体抱着父亲的尸体浮出水面。曹娥的故事就此被传为神话,继而相传至县府。知事令度尚为曹娥立碑,让他的弟子邯郸淳作诔辞颂扬。

孝女曹娥之墓在今浙江绍兴。后人为纪念曹娥的孝节,在曹娥投江之处兴建曹娥庙,将她所居住的村镇改名为曹娥镇,将曹娥殉父之处定名为曹娥江。

(四)源于古百越族图腾祭

近代大量出土文物和考古研究证实:长江中下游广大地区,在新石器时代,有一种以几何印纹陶为特征的文化遗存。该遗存的族属,据专家推断,是一个崇拜龙图腾的部族——史称百越族。闻一多先生认为端午节是古百越族举行龙图腾崇拜活动的节日,他在《端午考》及《端午节的历史教育》(见《闻一多全集》)两篇论文中详细论证了他的观点。每年五月五日这一天,百越族都会举行盛大的图腾祭。其中有一项活动是在急鼓声中划着龙形的独木舟,在水面上竞渡。

二、端午节风俗

我国民间过端午节较为隆重,庆祝的活动各种各样,比较普遍的活动有以下几种。

(一) 赛龙舟

赛龙舟是端午节的主要风俗。相传起源于古时楚国人因舍不得贤臣屈原投江死去,划船追赶拯救。之后,每年五月五日,人们就划龙舟以纪念屈原。其实,"龙舟竞渡"早在战国时代就有了。

江苏、浙江一带划龙舟,兼有纪念当地出生的近代女民主主义革命家秋瑾的意义。贵州苗族人民在农历五月二十五至二十八举行"龙舟节",以庆祝插秧胜利和预祝五谷丰登。在南方的不少临近江河湖海的地区,每年端午节都要举行富有特色的龙舟竞赛活动。

(二) 端午食粽

端午节吃粽子是中国人民的又一传统风俗。粽子,又叫"角黍""筒粽"。其由来已久,花样繁多。

据记载,早在春秋时期,人们就用菰叶(茭白叶)包黍米,做成牛角状,这种粽子被称为"角黍";用竹筒装米密封烤熟,这种粽子被称为"筒粽"。东汉末年,人们以草木灰水浸泡黍米,用菰叶包黍米,做成四角形,因水中含碱,所以这种粽子被称为碱水粽。

到了晋代,粽子被正式定为端午节食品。这时,包粽子的原料除糯米外,还添加中药益智仁,煮熟的粽子被称为"益智粽"。《岳阳风土记》记载:"俗以菰叶裹黍米……煮之,合烂熟,于五月五日至夏至啖之,一名粽,一名黍。"南北朝时期出现了杂粽,米中掺杂禽兽肉、板栗、红枣、赤豆等,品种增多,还被当作交往的礼品。

到了唐代,粽子所用之米"白莹如玉",其形状出现了锥形、菱形。宋朝时,已有"蜜饯粽",即将果品入粽。苏东坡有"时于粽里见杨梅"的诗句。元、明时期,粽子的包裹料已从菰叶变为箬叶。后来又出现用芦苇叶包的粽子,附加料已出现豆沙、猪肉、松子仁、枣子、胡桃等,品种更加丰富多彩。

直到今天,每年农历五月初五,中国百姓都要浸糯米、洗粽叶、包粽子,

27

其花色品种更为繁多。从馅料看,北方有将小枣入馅的,以北京枣粽为典型;南方则常将豆沙、鲜肉、火腿、蛋黄等入馅,以浙江嘉兴粽为代表。吃粽子的风俗千百年来在中国盛行不衰。

(三)佩香囊

古人佩带的香囊多种多样。陈示靓的《岁时广记》中提及:"端五以赤白彩造如囊,以彩线贯之,搐使如花形,或带或钉门上,以禳赤口白舌,又谓之搐钱。""蚌粉铃"也比较常见:"端五日以蚌粉纳帛中,缀之以绵,若数珠。令小儿带之以吸汗也。"这些随身携带的袋囊的填充物几经变化,从吸汗的蚌粉、驱邪的灵符、铜钱、辟虫的雄黄粉,发展到各种香料。而这些普通的袋囊也逐渐发展成香囊,其制作工艺也日趋精致,成为端午节特有的民间工艺品。端午节佩香囊,传说有辟邪驱瘟之意,实际是用于襟头点缀、装饰。

(四)拴五色丝线

中国古代崇拜五色,以五色为吉祥色,因而在节日清晨,各家大人起床后的第一件事便是在孩子手腕、脚腕、脖子上拴五色丝线。系线时,禁忌儿童开口说话。五色丝线不可任意折断或丢弃,只能在夏季第一场大雨或第一次洗澡时,抛到河里。据说,戴五色丝线的儿童可以避开蛇蝎类毒虫的伤害;将五色丝线扔到河里,意味着让河水将瘟疫、疾病冲走,由此可以保儿童安康。

(五)悬艾叶菖蒲

民谚说:"清明插柳,端午插艾。"端午节,人们把悬艾叶和菖蒲作为重要内容之一。家家洒扫庭除,将菖蒲、艾条插于门楣、悬于堂中。并用菖蒲、艾叶、石榴花、蒜头、龙船花制成人形或虎形,称之为艾人、艾虎;还制成花环、佩饰,妇人们争相佩戴,用以驱逐瘴气。

艾,又名家艾、艾蒿,它的茎、叶都含有挥发性芳香油。它所产生的奇特芳香可驱蚊蝇、虫蚁,净化空气。菖蒲是多年生草本植物,它狭长的叶片也含有挥发性芳香油,是提神通窍、健骨消滞、杀虫灭菌的药物。

由此可见,古人插艾和菖蒲是有一定防病作用的。端午节也是自古相传的"卫生节",人们在这一天洒扫庭除,挂艾叶,悬菖蒲,洒雄黄水,饮雄黄酒,激浊除腐,杀菌防病。端午节期间上山采药也是许多民族共同的习俗。

(六)吃"五黄""五红"

传说很久以前,玉帝宣布:天上的

毒物要等春雷响第一声才可以到凡间去。所以人们都管这个时候叫惊蛰。不过有五个毒物怕冷，于是，它们就约好等到端午节天气暖和后再一起去祸害人间。这五个毒物就是蛇、蜘蛛、蝎子、蜈蚣和壁虎。

五个毒物在端午的时候来到了人间，刚到一户人家的门口，就听见这家的女主人在说，快吃，这是油炸的五毒。五个毒物大吃一惊，便趴到窗户上看，只见桌上五个盘子里有红红的五道菜。那女主人一边吃一边说："这'五红菜'真好吃。"五个毒物觉得"五红菜"就像它们的血，于是被吓得魂飞魄散，急忙从这户人家逃走，从此再也不敢去了。

以后，人们都在端午这天吃五种红颜色的菜来吓退那些有毒的动物，希望它们不进自己的家里。所谓的"五红"通常指烤鸭、苋菜、红油鸭蛋、河虾和黄鱼。"五红"成了端午节餐桌上的必点菜。吃"五黄"是江苏、浙江一带民间的风俗。所谓"五黄"通常指黄鱼、黄瓜、黄鳝、鸭蛋黄、雄黄酒。

三、我国部分地区端午节风俗

（一）江苏省

仪征市有"当裤子，买黄鱼"的俗谚。在南京，各家都会准备清水一盆，加入少许雄黄和两枚鹅眼钱，合家大小均用此水洗眼，称为"破火眼"。常州武进有夜龙舟之戏，在龙舟四面悬上小灯竞渡，且有箫鼓歌声相和。

（二）山东省

端午节这天，部分山东人早起会饮一杯酒，传说可以辟邪。一些地方的大人们会给儿童缠七色线，一直要戴到节后第一次下雨才解下来扔在雨水里。七岁以下的男孩戴符（麦秸做的项链），女孩戴石榴花，还要穿上母亲亲手做的鞋。在这种鞋的鞋面上用毛笔画有五种毒虫，意思是借着屈原的墨迹来杀死五种毒虫。

（三）四川省、重庆市

部分地区有"出端午佬"的习俗。由四人以两根竹竿抬起一张铺有红毯的大方桌，毯上放一个用竹篾编成的骑虎的"道士"。人们抬着"道士"，敲锣打鼓，上街游行。这天，人们皆买李子，于城楼处上下对掷，聚观者数万。

（四）福建省

福州端午旧俗，媳妇会在端午节当天将寿衣、鞋袜、团粽、扇子进献给公婆。在建阳，人们将端午节这天作为药王晒药囊日。在上杭，端午节这天人们用小艇缚芦苇作龙形戏于水滨，称为竞渡。在仙游，端午竞渡后，人们会献纸于虎啸潭，以悼念戚继光。

（五）广东省

在广州从化，端午节正午，人们以烧符水洗手和眼后，将烧符水泼洒于道，称此为"送灾难"。在新兴，端午节这天，人们从其邻近庙宇鼓吹迎导神像出巡。在石城，端午节这天儿童会放风筝，称为"放殃"。

（六）河北省

在端午节这天，忌打井水，据说是为了避井毒。百姓在端午节会吃樱桃、桑葚，据说这样可让人全年不误食苍蝇。各商店会出售"五毒饼"，即以五种毒虫花纹为饰的饼。人们吃"五毒饼"以祈求健康。

（七）山西省

在运城市解州，端午节这天，男女戴艾叶，称为"去疾"。幼童则系百索子（五色丝线）于脖子上，据说这是"为屈原缚蛟龙"。在临汾市隰县，端午节这天，各村会祭龙王，并在田间挂纸。在怀仁县，端午又名"朱门"。在定襄县，端午节这天，学生需给教师赠礼。

四、扬州端午节风俗

"五月五，是端阳。门插艾，香满堂。吃粽子，撒白糖，龙舟下水喜洋洋。"这就是旧时扬州人过端午的情形，扬州人习惯将端午节俗称为"五月节"，对它的重视程度不亚于"春节"和"八月节"（中秋节）。

扬州人是忌讳在五月举行婚娶喜事的。民间认为农历五月是"五黄毒月"，立夏一过，天气渐热，扬州人认定的"五毒"——蛇、蝎、蜈蚣（扬州人叫"百脚"）、蟾蜍（扬州人叫"癞蛤蟆"）、壁虎就活跃起来。在端午这天，家庭主妇大多会从街头巷尾的老农那里买一把清晨才采摘下来的艾叶和菖蒲草，将它们插在门上，住楼房的人家则把艾叶、蒲草立在大门口一侧。

端午节前一个月，扬州人会把菖蒲根用白酒泡起来，然后掺进一点雄黄。端午节期间天气转热，空气较潮湿，蚊虫开始滋生，多种疫病增多。古时候，人们认为疾病是由鬼怪邪气引起的，所以端午节这天，用雄黄、朱砂、蒜头、生姜泡成雄黄酒，正午时把雄黄酒洒在室内外的各个角落消毒。"赏午"时家人同饮雄黄酒。因为只有在端午的午时才用雄黄，故扬州人有一句俗话："过了午时不卖雄黄"，以示时过境迁。因为雄黄本身有毒，含有较强的致癌物质，即使小剂量服用，也会对身体造成伤害，所以时至今日，这种习俗只有在一些偏远乡镇还保留着。

扬州人裹粽子通常采用新鲜芦叶。粽子的品种除了白粽子，还有赤豆、蚕豆、红枣、火腿、鲜肉、虾籽酱油粽等，有甜有咸。粽子的形状有三角形、斧头形、小脚形、元宝形等。清代"扬州八怪"之一的郑板桥在《忆江南·端阳节》中写道："端阳节，正为嘴头忙。香粽剥开三面绿，浓茶斟得一

杯黄。两碟白洋糖。"

端午重在午刻，家家设午宴，名曰"赏午"。午餐讲究"十二红"，这是扬州特有的习俗。"十二红"是指十二样自然红色或经烹调后颜色发红的时令菜肴。通常为咸鸭蛋、煮黄鱼、粉皮拌黄瓜、炒虾子、炒红苋菜、烧仔鹅、杨花萝卜、樱桃、枇杷、红杏、干菜烧肉、炒长鱼、红烧扒蹄、火腿、香肠、雄黄酒等中的十二样。一般分为4碗8碟，即4个凉拌菜、4个热炒菜、4个烧菜。其中黄鱼和咸蛋是必不可少的，且黄鱼必须和蒜瓣同煮，因蒜可去黄鱼之腥而增黄鱼之香。《望江南百调》中描写扬州端午节景时有"家家蒜瓣煮黄鱼"之句。郑板桥《忆江南·端阳节》有"端阳节，点缀十红佳。萝卜枇杷咸鸭蛋，虾儿苋菜石榴花，火腿说金华。""十二红"据说与纪念屈原有关。12样菜代表12个月，表示每个月都在怀念屈原；红色则象征日子过得红火，表达人民群众向往幸福生活的美好愿望。端午佳节吃上美味可口的"十二红"佳肴，实为一乐，既及时品尝了各种时令食品，又增添了节日的欢乐气氛。

端午节这一天，最欢喜的莫过于小孩子。家中长辈早早预备好的老虎鞋这时就派上用场了。老虎鞋外形憨厚朴实，一个大大的"王"字和铜铃般的大"眼睛"具有驱凶辟邪之意。长辈们还会在孩子的手腕、脚腕上系上百索子，用于辟邪。讲究点的老人会让孩子把百索子一直戴到六月初六。在扬州，就有"六月六，百索子甩上屋"的说法。

此外，端午节孩子们的脖子上还会挂一个用百索子编制的网兜，里面装着一只咸鸭蛋做装饰。关于吃鸭蛋扬州还有风趣的童谣："鸭蛋鸭蛋掏掏，里头蹲个娇娇，娇娇出来绣花，里头蹲个妈妈，妈妈出来买菜……"

端午节赛龙舟是旧时扬州最热闹的风景。每到端午节这一天，人们都聚集在河边，看壮士们赛龙舟。龙舟分为龙头、龙身、龙尾三部分，做工精巧。舟身被漆得五光十色。在舟头高处还悬挂绣幡彩旗，风一吹，旌旗舞动，十分好看。扬州的赛龙舟与广东、广西等地的赛龙舟大不相同，观赏性更强一些。在船中或船尾，通常有儿童表演"哪吒闹海""童子拜观音""贵妃睡春"等节目。岸边游客会用瓶子等不易沉入水中的物品装上干果、水果、钱和其他食物抛入水中，让龙船上表演的儿童下水抢夺，以看他们的游泳本领。

端午节诗文赏析

端　午
【唐】文秀

节分端午[1]自[2]谁言，万古传闻为屈原。
堪笑楚江[3]空渺渺，不能洗得直臣[4]冤。

注释

1. 端午：端午节，农历五月初五。
2. 自：自从。
3. 楚江：楚国境内的江河，此处指汨罗江。
4. 直臣：正直之臣，此处指屈原。

译文

端午节是从谁开始说起的？民间传说是为了纪念屈原。可笑的是，如此宽阔浩渺的大江，竟不能为正直之臣洗刷冤屈。

赏析

相传端午为我国的伟大诗人屈原投江自尽日。后人为他冤死伤怀，特地将粽子投入江中祭祀并划船捞救。作者在这首绝句中说明了一个令人深思的问题：尽管后人百般歌颂、祭祀，但像屈原沉江这样的悲剧毕竟发生了，如此冤屈是不能被简单地洗刷干净的。这首诗意境深远，言简意赅，很有力量。

端　午
【唐】李隆基

端午临中夏，时清日复长。
盐梅[1]已佐鼎，曲糵[2]且传觞。
事古人留迹，年深缕[3]积长。
当轩知槿[4]茂，向水觉芦香。
亿兆同归寿，群公共保昌。
忠贞如不替，贻厥[5]后昆芳[6]。

注释

1. 盐梅：盐和梅子。盐味咸，梅味酸，均为调味所需。
2. 曲糵(niè)：酒曲。
3. 缕：泛指线状物。
4. 槿：木名，即木槿。
5. 贻厥：贻，赠给，遗留。厥，文言代词、助词或副词，相当于"其"或"之"。
6. 昆芳：昆，指后代、子孙。昆芳，后代有美好的名声。

译文

端午在夏季快过半的时候，这时天朗气清，白天越来越长。盐和梅已经在鼎里增添味道，美酒也在杯中倾倒。这是古人留下的习俗，到现在已经很多年了。对着窗户方知木槿长得茂盛，对着水才发觉芦草真的很芳香。天下百姓安康长寿，各位大臣共保国家昌盛。大家对国家的忠贞如果能始终如一，这种美德一定也会在后世子孙中传扬。

赏析

端午节为农历五月初五，五月是仲夏，白昼越来越长，所以说"端午临中夏，时清日复长"。时当端午，用盐佐食梅子，饮酒欢乐。木槿茂盛，芦苇发出清香。心情愉快的唐明皇（李隆基）祝愿天下百姓安康长寿，同时也表述了群臣忠心辅佐，共保国家昌盛的愿望。

竞 渡 诗
【唐】卢 肇

石溪久住思端午，馆驿楼前看发机[1]。
鼙[2]鼓动时雷隐隐，兽头凌处雪微微。
冲波突出人齐譀[3]，跃浪争先鸟退飞。
向道是龙刚不信，果然夺得锦标[4]归。

注释

1. 发机：开始行动的时机。
2. 鼙(pí)：古代军中所用的一种小鼓，汉以后亦名骑鼓。
3. 譀(hàn)：吼叫，叫喊。
4. 锦标：竞渡（赛龙舟）的取胜标志。

译文

在石溪住久了开始思念端午时节的场景,在驿馆楼前观看开始行动的时机。鼙鼓初击似雷鸣,兽头吐威,万人冲波,齐声呐喊,跳跃着的浪花与飞鸟争先恐后。多条船像龙一样向前冲去,果然夺得了锦标归来。

赏析

《竞渡诗》描绘了端午时节龙舟赛上鼙鼓初击、兽头吐威、万人助喊、多船竞发的动人场景。

"鼙鼓""兽头"渲染了龙舟待赛的竞渡氛围,"冲波""鸟退"衬托出龙舟比赛的竞渡速度。

和 端 午
【宋】张 耒

竞渡[1]深悲千载冤,忠魂一去诅[2]能还?
国亡身殒[3]今何有,只留离骚[4]在世间。

注释

1. 竞渡:赛龙舟。
2. 诅(jù):岂,表示反问。
3. 殒(yǔn):死亡。
4. 离骚:屈原的作品,是中国古代诗歌史上最长的一首浪漫主义的政治抒情诗。诗人从自叙身世、品德、理想写起,抒发了自己遭谗言被害的苦闷与矛盾,表现了诗人坚持"美政"理想、抨击黑暗现实、不与邪恶势力同流合污的斗争精神和至死不渝的爱国热情。诗中大量地运用了"香草美人"的比兴手法,将深刻的内容借助具体生动的艺术形象表现出来,极富艺术魅力。

译文

龙舟竞赛为的是深切悲悯屈原的千古奇冤,忠烈之魂一去千载哪里还能回还啊?除了国破身死,如今还有什么呢?只留下千古绝唱之《离骚》在人世间。

赏析

北宋诗人张耒这首《和端午》凄清悲切,情意深沉。此诗第一句从端午竞渡写起,看似简单,实则意蕴深远,因为龙舟竞渡是为了拯救和悲悼屈原。第二句"忠魂一去诅能还"表现出无限的悲哀与无奈,使得全诗的意境直转而上,宏阔高远。于是第三、四两句便水到渠成。虽然"国亡身殒"、灰飞烟灭,但那光照后人的爱国精神和彪炳千古的《离骚》绝唱却永远不会消亡。

乙卯[1]重五诗
【宋】陆 游

重五[2]山村好,榴花忽已繁。
粽包分两髻[3],艾束著危冠[4]。
旧俗方储药[5],羸躯亦点丹。
日斜吾事毕,一笑向杯盘。

注释

1. 乙卯：指1195年，宋宁宗庆元元年。
2. 重五：因是五月五日，故曰"重五"，即端午节。
3. 粽包分两髻：粽子有两个尖尖的角。古时粽子又称角黍。
4. 艾束著危冠：高高的帽子上插上艾枝。危冠：高冠。
5. 储药：古人把五月视为恶日，因为此时期容易得瘟疫等病症，需要储存、配置药方。

译文

端午节到了，火红的石榴花忽然间开满山村。粽子有两个尖尖的角，高高的帽子上插着艾蒿。按照旧俗储药、配药方，羸弱的身体也需服食丹药。忙完了这些，已是太阳西斜时分，家人早把酒菜备好，便高兴地喝起酒来。

赏析

这首诗开篇点题，将时间限定在"重五"（五月初五），将地点定格为"山村"。诗人在今天终于暂时放下了满腹的忧愤，融入了节日的欢快气氛之中。

这首诗语言质朴，融写景、叙事、抒情于一体，将那石榴花繁多的山村风光，那江南端午的风俗习惯和字里行间的闲适惬意呈现在我们眼前。

渔家傲·五月榴花妖艳[1]烘

【宋】欧阳修

五月榴花妖艳烘，
绿杨带雨垂垂重，
五色新丝缠角粽。
金盘送，
生绡[2]画扇盘双凤。

正是浴兰[3]时节动，
菖蒲酒美清尊共，
叶里黄鹂时一弄。
犹瞢忪[4]，
等闲惊破[5]纱窗梦。

注释

1. 妖艳：红艳似火。
2. 生绡（xiāo）：未漂煮过的丝织品。古时多用以作画，因亦以指画卷。
3. 浴兰：浴兰汤。
4. 瞢忪：迷迷糊糊，睡眼惺忪。瞢通"懵"。
5. 惊破：打破。

译文

五月是石榴花开的季节，杨柳被

35

细雨润湿,枝叶低低沉沉地垂着。人们用五彩的丝线包扎多角形的粽子,煮熟了盛进镀金的盘子里,送给闺中女子。

这一天正是端午,人们沐浴更衣,举杯共饮菖蒲酒。窗外树丛中不时传来黄鹂鸟儿的鸣唱声,打破闺中的宁静,打破了那纱窗后手持双凤绢扇的睡眼惺忪的女子的美梦。

赏析

《渔家傲·五月榴花妖艳烘》是宋代欧阳修的一首词。

上片写端午节的风俗。用"榴花""绿杨""角粽"等端午节的标志性景象,表现了人们在端午节的喜悦之情。

下片写端午节人们沐浴更衣、饮菖蒲酒驱邪的风俗。这首词中写的闺中女子,给读者留下了想象的空间:享用粽子后,未出阁的姑娘,在家休息,梦醒后想外出踏青。这首词抒发了闺中女子的情思。

己酉端午

【宋】贝　琼

风雨端阳[1]生晦冥[2],汨罗无处吊[3]英灵[4]。
海榴[5]花发应相笑,无酒渊明[6]亦独醒。

注释

1. 端阳:端午节。
2. 晦冥:阴沉、昏暗。
3. 吊:凭吊,吊祭。
4. 英灵:指屈原。
5. 海榴:即石榴,古人以石榴传

自海外,故名。
6. 渊明:指陶渊明,东晋诗人。

译文

己酉年的端午那天,天公不作美,风雨交加,天昏地暗。整个汨罗江上,没有一处可以让人竞渡龙舟,借以凭吊远古英雄屈原的灵魂。

石榴花如火般地开着,似乎正在笑话我,我只好自我解嘲道:其实,陶渊明即使不喝酒,也一样仰慕屈原卓然不群的清醒。今天,我虽无法凭吊屈原,也一样仰慕他。

赏析

此诗起句写景,先写端午节的天气,晦暝而有风雨,借景抒情,运用风雨之景为下文抒情做铺垫。第二句兴"英灵何在"之叹,诗人想起了屈原的怀才不遇,运用屈原之典故,进而感伤身世,为屈原以及自己的怀才不遇而感到愤懑,"无处"既对应了上文的风雨晦暝,也抒发了对屈原英灵无人凭吊的伤感。后两句将"榴花"拟人化,一个"笑"字使得全诗生动而蕴含趣味,诗人借榴花之"笑"流露自己虽有才华但是不得志的情感。又巧用了陶渊明的典故,运用对比的方法,表面上在自嘲,实指超脱自我。一个"醒"字给读者留下了丰富的想象,回味无穷。

整首诗含蓄表达了诗人对自己怀才不遇的哀伤,也表达了诗人对隐士人格和精神的向往。

午日¹观竞渡

【明】边贡

共骇²群龙水上游,不知原是木兰舟³。
云旗猎猎翻青汉⁴,雷鼓嘈嘈殷⁵碧流。
屈子冤魂终古⁶在,楚乡遗俗至今留。
江亭暇日⁷堪高会⁸,醉讽离骚不解愁。

注释

1. 午日:端午节这天。
2. 骇:惊骇。
3. 木兰舟:这里指龙舟。
4. 青汉:云霄。
5. 殷:震动。
6. 终古:从古至今。
7. 暇日:空闲。
8. 高会:指端午节龙舟竞渡。

译文

在端午节这天,围在岸上的人们,惊骇地观看着群龙在水上嬉戏,不知道原来这是装饰成龙形的小船。船上彩旗猎猎作响,在空中翻飞,雷鼓喧闹声震动了清清的水流。从古到今屈原的冤魂不散,楚国的风俗至今仍存。闲暇的日子正适合在江亭看龙舟竞渡,醉时诵读《离骚》,哪觉得其中的忧愁。

赏析

《午日观竞渡》是明代边贡的一首七言律诗。这首诗从端午节期间戏水、赛龙舟的风俗开始写起。首联写端午节人们观看赛龙舟的场景,表现了端午节时期热闹的场面。颔联全面描写了龙舟的装饰及赛龙舟的热闹场面。颈联进而转向了对屈原的思念。在端午节这天,人们都会悼念屈原。尾联直接抒情,吐露了诗人生活中的淡淡哀愁。

这首诗沉稳平淡、风格朴质,包含着诗人对屈原的崇敬心情。

午日处州¹禁竞渡

【明】汤显祖

独写菖蒲竹叶杯,蓬城²芳草踏初回。
情知不向瓯江³死,舟楫何劳吊屈来。

注释

1. 处州：隋唐时旧名，明代为处州府。
2. 莲城：当时为处州府府治。
3. 瓯江：浙江东南部的一条江，流经丽水，至温州入海。

译文

我刚刚从莲城踏青回来，只在家置备了菖蒲、竹叶和雄黄酒，我觉得这样就可以过端午了。明知屈原不是沉溺在我们的瓯江，何必要劳民伤财以如此豪华的龙舟竞渡来凭吊屈原呢？

赏析

汤显祖此诗写禁止竞渡，别具一格。但需要强调的是，汤显祖对屈原不是不尊敬。汤显祖歌咏屈原的诗句很多，其景仰之情溢于言表。

据载，明代的竞渡从准备到结束，历时一月，龙舟最长的有十一丈，最短的也有七丈五，船上用各色绸绢装饰一新，划船选手从各地渔家中挑选。汤显祖认为，这样的场面过于豪华，因此在诗中加以表露。从诗中可见：一个清廉的地方父母官，是何等爱护百姓的人力和财力。

端午节文化活动——赛龙舟

龙舟就是船上画着龙的形状或做成龙的形状的船。赛龙舟，也叫龙舟竞渡，是中国民间传统水上体育娱乐项目，也是端午节的一项重要活动，已流传两千多年，多在喜庆节日举行。

在古代，皇帝乘坐的龙舟高大宽敞、雄伟奢华，舟上楼阁巍峨，舟身精雕细镂，彩绘金饰，气象非凡。民间用来竞渡的龙舟和皇家龙舟不可比肩，一般都做得窄小狭长一些，以利赛事。用作竞渡的龙舟，其形制因时代而变化，因地域而不同。据载，旧时西湖上的龙舟，约四五丈长，头尾高翘，彩画成龙形；中舱分上下两层，船首有"龙头太子"和秋千架，船两旁列弓、弩、剑、戟等"十八般武艺"和各式旗帜，船尾有蜈蚣旗。

当代用来竞渡的龙舟，形制比旧时

简化了许多。船身、船上的罗伞旌旗等装饰，以及划手们的服装乃至船桨，都要求一色。如：湖北、湖南等地的龙舟短则七丈多，长则十一丈余，划动时犹如游龙戏水。福建的龙舟，船首雕刻龙头，龙口能开合，舌能转动。贵州的龙舟由三只独木船联合而成，中间较长的一只称"母船"，船上有鼓手指挥，两边的两只船身稍短，称"子船"。

龙船额定人数为三十六人，叫作"一槽"，就是俗称的"三十六香官"。

小龙船船身有十三档，划船者二十六人，船面管旗一人，后梢两人，唱神一人，司鼓两人，掌锣两人，托香斗两人，正合三十六之数。大龙船有十八档，两旁划船的三十六人，加鼓、梢、锣、旗、唱神、托香斗六种执事十二人，需四十八人。划船者穿衣，一船均依旗色。龙舟额定人数为四十二人，划船者三十六人，前后梢各一人，掌旗一人，司鼓一人，掌锣一人，唱神一人。龙舟有十九档，坐十八档，前方向空一档。龙舟在竞赛时不调头，需调头行进时，由人转身朝反方向坐，然后划水行进。龙舟的鼓声很有节奏，转身的鼓声为密集点鼓。

2011年5月23日，经国务院批准，赛龙舟被列入第三批国家级非物质文化遗产名录。

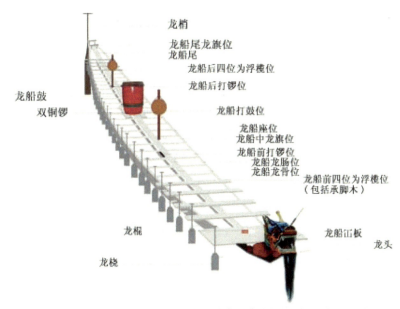

注：龙船长度为28.8米，宽1.52米

端午节综合实践活动

一、活动名称

活动名称为"缅先贤,话端午"。

二、活动背景

端午节,再忆屈原,品《离骚》之味,意义重大。时代在发展,社会在进步,在这样剧烈的变化之中,一些人、一些精神品格,不能被忘却。随着时间的延续,随着岁月的洗礼,屈原的宝贵品格愈加闪亮。铭记这样的精神品格,是后人的责任,也是后人的荣耀。在端午节里,重温、体味这样的品格,不由心生敬畏。

三、时间范围

端午节是中国重要的"时年八节"之一,一般是在阴历五月五日。所以端午综合实践活动应该提前两周开始,为期三周左右。

四、目的意义

端午节作为中华民族非常重要的一个传统节日,寄托了伟大的爱国情感,凝结着一心报国的赤胆忠心。每年此时,因为端午而记起屈原;每年此时,因为对屈原的纪念,爱国情感在民族的血液中流淌、升华。在新的时代,屈原的品格和精神仍然是我们内心深处最眷恋的内容和最敬畏的力量。

五、团队分工

学工处、团委主抓,各系部具体负责、分发相关任务,班主任把活动要求落实到位。

六、活动流程

1. 宣传发动:国旗下讲话。
2. 文化探寻:搜集资料,了解端午文化。

具体内容如下:

(1) 舌尖上的端午。

(2) 端午节习俗。

(3) 端午节的传说、故事。

3. 实践活动:

(1) 组织"粽叶飘香"包粽子比赛、端午歌谣推荐比赛、织香袋比赛等活动,体会端午文化的独特魅力。

(2) 组织端午节主题班会、当地民俗讲座,用心体会端午节蕴涵的意义,激发爱国爱乡情怀。

(3) 开展志愿服务活动。积极组织志愿者进社区,开展村居清洁、节日慰问、助残爱幼等志愿服务,为留守儿童、贫困生、孤寡老人、残疾人士等送去慰问金、粽子等,陪他们共度端午

佳节。

（4）开展校园洒扫活动。从科学角度分析悬艾草、挂菖蒲、佩香囊、饮雄黄酒等端午传统习俗，普及日常卫生保健知识。组织学生进行校园大扫除，整理个人卫生，增强学生的环保意识和生态文明意识。

（5）制作节日小报。积极组织学生将端午节的内涵、民俗及参与端午节活动的感悟制作成节日小报，并开展节日小报评比和展示活动。

七、活动评价

从创意性、参与度、效果三个维度进行考量，做出合理评价。

附录1　端午节国旗下讲话

老师们，同学们：

早上好！

再过几天，就是五月初五端午节。一提到端午节，我们自然会想起爱国诗人屈原。滔滔汨罗水，悠悠数千年。战国时，楚襄王宠信奸臣，屈原仗义执言，却被革职流放。秦国趁此机会进攻楚国，楚国千里疆域毁于一旦。看到国破家亡，百姓流离失所，屈原有心报国，却无力回天。悲愤之下，他抱着一块巨石投汨罗江而去。当地百姓听说屈原投江了，纷纷前来救助，他们顺流而下，一直追到洞庭湖，也没有找到屈原的尸体。湖面上大小船只往来穿梭，百舸争流，蔚为大观。这一天是农历五月初五。后来每到这一天，人们就在江河上赛龙舟，怀念屈原。人们还把粽子投入水中，只为了喂饱鱼龙虾蟹，保全屈原的尸体不被吞噬。

也许，这古老的传说已经无法让21世纪的现代人感动。但是，几年前的这个时候，有一篇报道让中国人都震惊了！2004年5月6日《人民日报》报道，辽宁大学民俗研究中心主任、民俗学教授乌丙安给文化部副部长周和平发送一份急件，说据可靠消息，亚洲某国准备向联合国教科文组织申报端午节为本国的文化遗产，目前已将其列入"国家遗产"名录，很快将向联合国申报"人类口头遗产和非物质遗产代表作"。中国人过了几千年的端午节，如果成了人家的"文化遗产"，同学们，你们不觉得这是天大的笑话吗？如果有人告诉你，几年后中国人想要划龙舟、吃粽子、过端午节，需要向别的国家申请，你一定会说："开什么国际玩笑！"后来经过查证，该国申报的是他们本国的传统节日"端午祭"（祭奠的"祭"），并不是想抢我们的传统节日。不过，该国的申报，可以说是从外部刺激了我们的神经。这也是一种激励，激励我们去保卫祖宗的"遗产"，去体悟它们的弥足珍贵。

我国的传统节日似乎总离不开吃。端午节吃粽子，清明节吃青团，元宵节吃汤圆，中秋节吃月饼……农耕社会对饥饿的恐惧，形成了我国传统节日最鲜明的风俗——吃。如今，满足了温饱需求的人们正在奔向全面小康，什么时候都有吃的，想吃多少都可以，传统节日的吸引力一下子失去了

特有的魅力。

在继承传统文化方面，我们守着"聚宝盆"却不善于保护和挖掘。比如文字，当代青年有几个熟识并能运用繁体字？连文字都不认识又如何了解古代文化？再比如造纸，我国造纸工业化生产的结果是传统手工业的流失，许多高质量的宣纸要到日本或韩国才能买到，他们不但继承了我们的传统造纸技术，还有新的发展。就拿端午节来说，它已融入各个邻近国家的文化中，形成了独特的生命力——在新加坡，每年端午节举行的国际龙舟邀请赛闻名于世；在韩国，端午节被称为车轮节，是插秧结束后祈求丰年的日子。在很长一段时间里，中国人着眼于创新，却往往容易忽视对传统的坚持。文化的缺失必然导致精神断层甚至扭曲，而精神文明的再次断层又将带来什么？有句话说得好：只有民族的才是世界的。在面临全球经济一体化的今天，该如何保护与继承我们的传统文化，显然已是一个不容回避的问题。

其实，不光是传统节日，整个中国民族民间文化的生存环境如今都面临着经济全球化和现代化的挑战。一些西方发达国家凭借强大的综合国力、先进的科技手段和发达的文化传播手段，积极传播西方的价值观念和生活方式，对包括中国在内的发展中国家的民族民间传统文化生态造成了一定的冲击。

中国的传统节日五彩缤纷，文化内涵丰厚，留存着人类独特的文化记忆。对祖先创造的历史文化遗存，我们必须怀有敬畏之心，必须高度重视。我们是中华民族的栋梁之材，中华文明需要我们共同传承。同学们，不要冷落了中国自己的传统节日。让华夏文明在中国彻彻底底地红火起来吧！

同学们，当年的端午之争让我国对传统历史文化资源有了一种忧患意识，并且采取了一些相应的行动。有关部门正在加紧考虑将所有的传统节日打包，集体申报"人类口头遗产和非物质遗产代表作"。我认为，以立法手段保护传统节日是积极传承民族文化的一种举措。但同时我也觉得，立法只是一种外在的行动模式。一个偶然的事件、一场热闹的争论、一张申报表、一纸法令并不能保证老百姓从此以后就真的会很重视对民族传统文化遗产的保护。激情一过可能又会麻木，危险一过又会不懂珍惜。我们需要的是一种内在的驱动力，一种从内心生发出来的力量和自信。有了这种内驱力，民族的传统文化就能得到延伸，民众的心态也会变得健康和美好。比如端午节，它的真正内涵并不只是纪念屈原，它还是一个全民健身、全民共享的祝福祝寿、企盼吉祥的美好节日。翻开历史书、民俗书学一学，才发现这才是原汁原味的端午节。

怎样才能让民族文化融入我们的生活，永远保持新鲜的活力呢？答案是要有文化内在的驱动力。内在的驱动力从哪里来？答案是教育。整体的

国民教育水平得到提升,国民就会对本民族的文化有一种广泛的认同,民族文化的种子就会在国民的心中生根发芽。能在个人的心中生根发芽的文化资源,就会鲜活而永恒。

同学们,作为炎黄子孙,让我们怀着敬爱之心和珍爱之情来看待中国的每一个传统佳节吧!因为每一个传统节日都有着丰富的文化内涵,留存着华夏民族独特的文化记忆。每过一次传统节日,就是中华民族凝聚力和向心力的一次加强。

感谢大家耐心地倾听。祝大家端午节快乐!谢谢。

附录2 班会简案

"我们的节日"主题班会课简案

班 级	11106	时 间	2012.6	地 点	11106班
主持人	陆文楚			班主任	吴 娟
主 题	走进端午				
目的要求	1. 通过活动,让学生了解端午节的来历和风俗习惯,同时锻炼学生通过各种渠道(书籍、报刊、网络、他人经验等)获取信息的能力,培养学生的好奇心和求知欲。 2. 学习端午节文化,激发学生的爱国热情和民族自豪感。				
实施程序	一、开场白 端午节的由来、习俗你们知道吗?今天就让我们走进端午节去了解一下。 二、话说端午 (一)端午节别称 1. 端午节有哪些别称? 2. 关于端午节的由来,说法有很多,谁能告诉大家?(学生交流) (二)端午讲故事 1. 端午节是中国古老的传统节日,至今已有两千多年历史。关于端午节的传说有很多,你们知道哪些与端午节有关的传说吗? 2. 学生讲述端午节故事:《曹娥救父的故事》《屈原投江》。 3. 主持人小结。 (三)端午话习俗 <div align="center">**赛 龙 舟**</div>1. 过端午节,是中国人两千多年来的传统习惯。由于我国地广人多,加上许多故事传说,于是各地有着不同的习俗。你们知道端午节有哪些习俗吗?(学生自由交流) 2. 你知道端午节最热闹的习俗是什么吗?(多媒体课件:赛龙舟) 3. 端午节为什么要进行赛龙舟比赛?(学生交流) <div align="center">**话 粽 子**</div>1. 除了赛龙舟,端午节的主要习俗就是品尝粽子。(学生介绍粽子的由来) 2. 一直到今天,每年五月初,中国百姓家家都要浸糯米、洗粽叶、包粽子,其花色品种琳琅满目。(多媒体课件:粽子) 3. 我国各地方的粽子各有特色,请几个外地学生介绍他们家乡的粽子。				

续表

实施程序	（由三名分别来自浙江、江西、山东的学生介绍） 4．主持人小结。 三、推荐歌谣，激发情感 各人推荐端午歌谣，评出最佳推荐人。 四、主持人总结 两千多年的岁月，这在历史的长河中不能算短短的一瞬了。尽管大江东去，暮往朝来，诗人屈原的形象却依然留在人们心间。让我们世世传递端午节，代代都记住他，一位伟大的浪漫主义爱国诗人——屈原。
班主任讲话要点	屈原在《离骚》中说"路漫漫其修远兮，吾将上下而求索"，也希望同学们用这句话来勉励自己，努力学习，为自己探求一条更好的发展道路。

附录3 端午文化歌曲推荐大赛一等奖作品——《庆端阳》

我们班推荐的歌曲叫《庆端阳》，是反映端午节划龙舟这一习俗的。端午节的很多民俗都有针对性很强的现实意义。其实，中国很多民俗都有这个特征。比如，端午节的挂菖蒲、艾草，薰苍术，喝雄黄酒等，并不仅仅只是习俗，实际上是利用习俗将一种生活习惯传播到民众之间。端午节所处的时间，按照中国的节气，正是仲夏，各种虫害开始出现。因此，上面提到的各种习俗，其本质都与预防虫害有关，是保持身体卫生、健康的良好传统。

龙舟比赛是一种竞争，这种竞争具有鲜明的中国特点：

第一，它不是个人竞争，而是团体竞争。在这个团体竞争中，既有出现在观众面前的竞赛者，也有背后的支持者。而且，在竞争团体内部，既有分工，也有协作，体现了整体的意识。

第二，这种竞争的功利性较低，荣誉感更加突出，竞争显得友好。龙舟竞赛的获胜者，一般没有多少实质性的物质奖励，竞争各方关系比较融洽。反观古希腊奥运会，情况则不同。现在很多人说，古希腊奥运会的冠军只有一个象征性的桂冠，这种说法并不准确。古希腊奥运会的冠军在比赛现场只有一个桂冠，但是，在赛场之外，物质好处很多，以至于很多人不惜采取作弊或者暗中伤害对手的方式，为了获胜不择手段，甚至以命相拼。比如在一些拳击比赛中，一场比赛时间延续十几个小时，目的就是看谁先倒下。曾经有一个获胜者，在获胜之后也累死了。群众抬着他的尸体，戴着桂冠游行。这种竞争就显得很残酷，而在中国的龙舟竞赛中就没有这种现象。

第三，失败者并不耻辱。这就使得龙舟竞赛达到了互相激励的效果。不像古希腊奥运会，竞争失败者常常被人看不起，自己也抬不起头。从某种程度上说，现代奥运会的很多比赛精神与端午节的龙舟竞赛精神比较相似。

当今中国已经在很多领域同世界紧密结合在一起，其中有合作，也有竞争。面对这样的现实,龙舟竞赛的精神很值得发扬。它不应该只存在于乘风破浪的龙舟上,也应该存在于我们的日常生活、工作中。在中国人彼此之间,在中国人与外国人之间,都应该发扬这种团结协作、友好竞争的传统。虽然在社会上,目前确实存在不择手段竞争的现象,但是,有龙舟精神,就有可能改变这种现象。我们需要获胜,但是我们更需要正大光明的获胜;我们追求获胜,但是我们不把这种追求变成对别人的伤害。我们应努力营造公平、公正的环境,完全靠自己的汗水和实力去赢得无可挑剔的胜利。这就是我们的龙舟精神。

11109 班　张　洁
2013 年 6 月

端午节语文综合实践活动设计方案

一、活动名称

活动名称为"粽艾香里话端午"。

二、活动背景

群龙飞渡,百舸争流,万粽飘香,中华民族的传统节日——端午节再次向我们走来。然而通过调查发现,学生对端午节并不是非常了解,对端午节风俗中的文化现象更是知之甚少,所以,我们适时组织这次以"粽艾香里话端午"为主题的语文综合实践活动,让学生了解端午节的文化内涵,培养学生自主合作探究的意识和能力。

三、活动目标

1. 通过活动,让学生对端午节的由来、美食、风俗以及与端午节有关的诗词、歌谣等有更全面的了解。

2. 通过小组合作研究,让学生了解调查报告的撰写流程,掌握调查报告的基本格式要求。

3. 通过对端午节文化的调查、研究,让学生增强对家乡、对端午节文化的热爱之情,激发自己对文化传统知识的探究欲望。

四、重点与难点

重点:通过活动,对端午节的由来、美食、风俗以及与端午节有关的诗词、歌谣等有更全面的了解。

难点:掌握调查报告的基本格式要求。

五、活动实施过程

第一阶段　准备阶段
(一)确定研究主题
1. 从街头端午节令商品引出本次

主题。

2. 老师抛出关于端午申遗的话题:

2005年11月,韩国的"江陵端午祭"被联合国教科文组织宣布为"人类口头和非物质遗产代表作"。2009年9月,联合国教科文组织正式审议并批准将中国端午节列为世界非物质文化遗产。端午节成为中国首个入选世界非物质文化遗产的节日。由韩国人抢着申报端午节的非遗文化的话题,引发思考:作为中国人,大家对端午节究竟了解多少呢?

学生展开热烈讨论,提出各种问题,如端午节是哪天,端午节有多久的历史了,为什么要过端午节,有没有端午节的传说故事,人们过端午节有哪些风俗等。

(二)问题归类

1. 端午节知识。
2. 端午节食品。
3. 端午节活动。

(三)选择课题

1. 学生根据自己的兴趣爱好、特长等,8~9人自由组合成研究小组。
2. 以小组为单位,选择研究方向。初步讨论、设计调查活动方案。

(四)交流方案

1. 各小组组长介绍本组调查的大体思路。
2. 其他小组成员评价并提建议。
3. 教师指导评价。

(五)注意事项

老师强调:

1. 要注意实践活动的安全。
2. 准备好一些必要的设备。
3. 调查、采访或拍摄时要注意提前预约时间,使用文明礼貌语言,同时需提前设计好采访提纲。
4. 各小组需依据制订的计划,团结合作。

本次实践活动要求学生以小组为单位,明确采访的目的,按照计划调查有关人员。学生需做好如下工作:

(1)确定调查内容,设计好调查文问卷。

(2)确定调查、访谈的形式。

(3)组内分工合作,可根据需要邀请指导老师或家长一起参加。

(4)调查走访扬州市居民,抽取样本,完成调查问卷。

(5)分析调查问卷。

(6)完成调查报告初稿。

第二阶段　调查阶段

活动时间:课外1周。

(一)活动方法

以小组为单位,邀请指导老师或家长一起搜集有关资料、参与相关的实践活动、采访调查有关人员。

(二)活动过程

1. 各小组根据确定的调查、访谈对象和调查、访谈内容,对不同的对象采取不同的方式,如单独采访、发放调查问卷、召开座谈会等。

2. 对调查结果,每个小组成员都必须有详细的记录。

3. 完成调查访谈分析总结。

(1)小组每个成员对调查信息进

行分析,用300字左右写出自己的认识和观点,准备参加小组讨论。

（2）小组讨论：先由小组成员各自谈谈对调查对象的认识。在此基础上,小组对调查得到的材料进行分析,形成一致的调查结论,讨论并确定调查报告的写作提纲,由组长执笔撰写调查报告。最后小组成员对调查报告的初稿进行集体讨论、修改,形成定稿。

第三阶段　成果汇报

活动时间：两课时。

（一）活动过程

1. 各小组组员对本组资料进行汇总、整理。

2. 学生对实践活动过程进行反思,做好查漏补缺的工作。

3. 小组讨论汇报展示的内容和形式。

4. 小组汇报,展示成果。

各组选出一名代表汇报本组的调查内容,并朗读调查报告。

第一小组：端午由来大探秘

（1）端午节的别称。

（2）端午节的传说。

（3）调查结论。

第二小组：端午美食大荟萃

（1）了解端午"十二红"。

（2）了解粽子的发展变化及其形态、品种、营养。

（3）调查结论。

第三小组：端午活动大搜索

（1）认识艾叶和菖蒲。

（2）教你包粽子。

（3）调查结论。

5. 学生对本次实践活动的收获进行总结,并发表感想。老师对学生的发言做总结点评。

（二）活动延伸

1. 老师分析学生本次调查报告初稿存在的问题,并教给学生撰写调查报告的方式。

调查报告一般由标题和正文两部分组成。

（1）标题。标题可以有两种写法。一种是规范化的标题格式,即"发文主题"加"文种",基本格式为"××关于××的调查报告""关于××的调查报告""××调查"等。另一种是自由式标题,包括陈述式、提问式和正副标题结合使用三种。陈述式如《东北师范大学硕士毕业生就业情况调查》,提问式如《为什么大学毕业生择业倾向沿海和京津地区》。正副标题结合式：正标题陈述调查报告的主要结论或提出中心问题,副标题标明调查的对象、范围、问题,这实际上类似于"发文主题"加"文种"的规范格式,如《高校发展重在学科建设——××大学学科建设实践思考》等。作为公文,最好用规范化的标题格式或自由式中的正副标题结合式标题格式。

（2）正文。正文一般分前言、主体和结尾三部分。

① 前言。有几种写法：第一种是写明调查的起因或目的、时间和地点、对象或范围、经过与方法,以及人员组成等调查本身的情况,从中引出中心问题或基本结论；第二种是写明调查

47

对象的历史背景、大致发展经过、现实状况、主要成绩、突出问题等基本情况,进而提出中心问题或主要观点;第三种是开门见山,直接概括出调查的结果,如肯定做法、指出问题、提示影响、说明中心内容等。前言起到画龙点睛的作用,要精练概括,直切主题。

②主体。这是调查报告最主要的部分,这部分详述调查研究的基本情况、做法、经验,以及分析调查研究得出的各种具体认识、观点和基本结论。

③结尾。结尾的写法也比较多,可以提出解决问题的方法、对策或下一步改进工作的建议;可以总结全文的主要观点,进一步深化主题;可以提出问题,引发人们的进一步思考;可以展望前景,发出鼓舞和号召。

2. 学生根据老师的要求,修改调查报告。

第四阶段　成果展示

老师将学生完成的调查报告择优展示在班级佳作栏,并推荐到校园相关文化专栏。

六、活动评价

1. 从创意性、参与度、效果三个维度,从个人点评、小组互评、教师评价三个方面,按照3∶3∶4的权重对每个学生在活动各环节中的表现进行评价。

2. 老师对整个活动进行点评。

端午节语文综合实践活动评价表

姓名		课题名称		小组名称	
评价内容		我的表现(★★★★★)			
我在活动中的表现					
我承担的任务及完成情况					
我在活动中做出了什么贡献					
我在活动中有什么收获					
小组伙伴的评价					
指导老师的评语					
我的收获与努力目标					

附　端午节调查报告

传统节日是民族文化的重要组成部分,在某种程度上,它是一个民族身份的象征。端午节作为中华民族传统节日的一个重要组成因素,起着塑造中华民族精神品质的重要作用。但是随着市场经济的到来,端午节已成为一个正在被人们逐渐遗忘的节日,在城市中,它已经被简化为去超市买几个速冻粽子。很多人除了知道它和纪念一位名叫屈原的诗人有关外,对它所蕴含的其他文化意义知之甚少,还有许多人表示不知道应该怎样过好端午节。2005年韩国"江陵端午祭"申报"人类口头遗产和非物质遗产代表作"的成功激起了我们对端午节的重视,尤其是今年,国家把端午节作为中国的四大传统节日并实行了放假制度。那么今年的端午节和往年会有什么不一样呢?为此我们做了一个调查报告。

一、调查目的

了解扬州市居民对端午节的了解和重视程度与以往有什么不一样,找出复兴端午节存在的一系列问题和难点,为扬州市居民过好端午节提供一个参考,同时也为国家复兴传统节日、弘扬民族精神做点力所能及的事。

二、调查说明

调查时间:20××年5月27日至20××年8月10日。

调查对象:本次调查的对象主要是扬州市居民。我们把他们分成了四个群体:老年人、小孩、大学生、中年人(有工作的人和没有工作的人)。每个群体各取20人作为调查对象。

调查方法:本次调查主要采取了问卷调查的形式,同时也兼用了访谈的形式。

调查内容:问卷调查的内容主要围绕是否了解端午节的历史源流、是否喜欢过端午节、是否喜欢吃粽子、端午节有些什么活动、对端午节放假有些什么感想等展开。

三、调查结果

1. 老年人。

在对20位老年人的调查中,只有一位退休老教师知道端午节的来源,但对端午节是怎样一步一步慢慢转变的他也不是很清楚,只是大体知道在屈原之前就已经有端午节,且知道端午节是因时令和季节变化而产生的,是中国古代最早的一个关于安全卫生的节日。其他老人都认为端午节是为纪念屈原而产生的,至于屈原之前有没有端午节则不太清楚;他们还知道端午节必须吃粽子、赛龙舟、戴端午索、插艾蒿和菖蒲、喝雄黄酒,对端午节是否还要画符驱邪或进行姻亲交往则不确定。

在调查中他们都表示喜欢过端午节。他们认为端午节是中国人几千年前就留下来的东西,是中国人的传统文化和骄傲,应该继续过端午节,而且还要过好它。同时他们觉得粽子很好吃,能够把他们带回到小时候的记忆里,遇甜思苦。尤其是今年国家在端午节实行放假,他们就有机会跟自己的子孙一起过节了。至于端午节的活动,通常就是和家人一起出去逛逛公园、爬爬山等。

2. 小孩。

小孩们一致认为端午节是因屈原而产生的,这是从小耳濡目染的结果。在小孩们的印象里,从小老师就教导他们屈原是一位爱国诗人,他的著作是《离骚》,后人吃粽子、赛龙舟就是为了纪念他被驱而跳汨罗江这件事。在小孩们看来,端午节除了吃几个粽子、包子、蚕豆之外再没有其他内容了,而这些食物平时都可以吃到,没有什么稀奇的,况且这些食物跟过年吃的大鱼大肉比起来差多了,也不及零食好吃,所以他们并不喜欢过端午节。对他们来说,这个节日既没有好吃的,也没有好玩的。他们根本不知道这个节又叫娃娃节,在古时候是专门供小孩玩乐的一个节日。

今年的端午节放假,这对小孩子们来说是再开心不过的了。在城里上学压力很大,他们平时没有玩的时间,童年的美好时光基本都是在教室里度过的。今年端午节放假为他们沉重的读书生活带来了一丝乐趣,他们可以跟着父母一起去郊外游玩、烧烤,也可以约几个小朋友一起玩耍。端午节放假使孩子们对它产生了一丝好感。

3. 大学生。

大学生是时代的精英,是民族文化传承的中坚力量。但很可惜,在我们所采访的大学生中对端午节历史源流一清二楚的人并不多,知道屈原之前就已经存在端午节的占一半,认为端午节是因屈原而产生的也占一半。可见,现代大学生读书之少,缺乏传统文化知识。

对于如何过好端午节,大学生们已没有更多的想法,只知道要吃粽子、插艾蒿和菖蒲、赛龙舟。至于端午节其他的民族活动事项他们已经淡忘或者根本就不知道,比如古时候端午节要进行姻亲交往、画符驱邪等。这些事项对他们来说根本无法想象,且已经是过去的事了,与现在毫无关联,但他们觉得这些是很好的民俗事项,可以促进人与人之间的交往。

吃粽子是端午节的象征,但对于现在的大学生来说,吃粽子是一件可有可无的事。远离家乡,一个人吃粽子毫无乐趣,况且粽子一点也不好吃,尤其是食堂里的粽子,让你无法再多看一眼。对于大学生来说,端午节除了能见到粽子,其他的民俗事项很难体验到。所以从整体上来看,大学生对端午节的感情是最薄弱的。

今年端午节实行放假,但对大学生来说意义不大,因为大学生学习压力较小,课程也相对较少,放假与不放假没有太大的区别。不过如果不放假,他们基本会忘了这个传统节日的存在。

4. 中年人。

(1)有工作的人。

在参与调查的有工作的人中,85%的人对端午节的历史源流问题一无所知,只知道端午节跟屈原有关,吃粽子、赛龙舟都是为了纪念屈原。对于端午节在屈原之前就已存在他们感到不可思议,很多人都已淡忘了端午节的真正历史由来,只单纯认为它与屈原有关,甚至认为是因为屈原死了,人们为了纪念他的死才慢慢形成了端午节。

至于是否喜欢过端午节,中年人已没有太多感想,并认为这是一个可有可无的节日。因为在这个节日里既没有什么特别好吃的东西,也没有什么特别好玩的东西,尤其在今年之前,国家没有实施放假政策之前,可以说是一点意思都没有。其他节日不管怎么说都蕴含着一定的意义,唯独端午节,虽然它在一定程度上也蕴含了爱国主义的思想,但我们现在处在一个和平的社会里,为国捐躯似乎离我们有点远,且节日气氛与其他节日欢快、团圆的气氛有点不一样,这不禁让人怀疑它是否算个节日。另外对于这部分人群来说,吃粽子基本没有任何意义,50%的人在端午节并不吃粽子。

最后对于这部分人来说,今年端午节放假是一种幸福,是一种幸运,同时也是一种惊奇。幸福的是可以不用去上班,同时还可以拿到工资;幸运的是他们从没敢奢望端午节会放假;惊奇的是国家现在怎么突然重视端午节、重视传统节日了。总体来说,他们对端午节放假很满意,也支持端午节的复兴。

(2) 没有工作的人。

对于没有工作的人,我们的调查对象以家庭主妇为主。对这部分人来说,她们的主要任务就是服侍老人、照顾小孩、做好家务等,很少有人知道端午节的真正由来,只知道它与屈原有关。一位被访者甚至说:"端午节既然是为纪念屈原的,那应该是湖北那一带的人过才对。我们为什么要过呢,这个节对于我们来说就不算节日。"

对于是否喜欢过端午节,这部分人选的答案都为"一般"。喜欢的人认为:端午节也算一个节日,比起平淡的日子来说它还是有意义的;粽子尽管不是非常美味,但能让家里人吃上自己煮的粽子也是一件开心的事。不喜欢的人认为:这个节比起其他的节日来说气氛不够热闹隆重。而且,过节就意味着要做很多好吃的东西,要去街上买过节的货物,购物的花销是一笔不小的开支,所以他们不是特别乐意多个节日,也不是特别有信心过好端午节。

但对于端午节放假她们是非常乐意的,因为丈夫可以歇一歇,孩子也可以喘口气,全家人能够聚在一起吃顿团圆饭是件很难得而又令人开心的事。

四、结论

1. 不了解端午节的历史由来及传承。

经调查发现,大部分人对端午节的历史由来和传承知之甚少。他们只是大体知道端午节与屈原有关,并且在这一天要吃粽子,至于端午节是什么时候产生的及产生的原因他们则一概不知。大部分人甚至认为端午节是屈原死了之后才慢慢形成的。

2. 不知道怎样过好端午节。

在调查的人当中,很大一部分人表示不知道怎样才能把端午节过好。在他们的认知里,过端午节就是吃几个粽子,而粽子又不是什么特别美味的食品,尤其是现在人们的生活水平提高了,好吃的东西很多,没有人会等待着吃粽子,粽子会慢慢成为一种象征物而不再是食品。所以他们虽然很想过好端午节,但不知道应该做些什么,因为他们早已忘了端午节的民俗事项活动。

3. 不知道端午节真正蕴含的意义和精神。

在被调查的人当中,90%的人认为端午节的历史意义就是为了纪念屈原的爱国主义精神,里面包含了忠君爱国、为国捐躯的精神。事实上这是后来人赋予端午节的意义,并不是端午节的真正意义。

4. 媒体在传承端午节文化上应扮演的角色。

从调查结果来看,我们可以知道现代人对端午节的认识是多么的狭隘。大部分人已经忘了很多端午节的民俗事项活动,甚至还忘了端午节真正的历史起源。是时候重新温习我们的传统节日了。我们要想恢复端午节传统节日的地位,要想过好端午节,了解它的历史文化是理所当然的。而使端午节的历史文化为大众所认知、所接受,我们认为媒体理应义不容辞。

扬州旅游商贸学校学前教育专业
15523 班　漫步云端小组
2016.6.1

第三模块

中秋节

每年农历八月十五日,是传统的中秋佳节。这时是秋季的中期,所以被称为中秋。在中国的农历里,一年分为四季,每季又分为孟、仲、季三个部分,因而中秋也称仲秋。八月十五的月亮比其他月份的满月更圆、更明亮,所以中秋节又叫作"月夕"。此夜,人们仰望天空中如玉如盘的朗朗明月,自然会期盼家人团聚。远在他乡的游子也借明月寄托自己对故乡和亲人的思念之情。所以,中秋节又称"团圆节"。

中秋节风俗

一、中秋节由来

中秋节有悠久的历史,和其他传统节日一样,也是慢慢发展形成的。古代帝王有春天祭日、秋天祭月的礼制,早在《周礼》一书中,已有"中秋"一词的记载。后来贵族和文人学士也仿效起来,在中秋时节,对着天上的一轮皓月,观赏祭拜,寄托情怀。这种习俗就这样传到了民间,形成一个传统的活动。直到唐代,这种祭月的风俗更为人们所重视,中秋节才成为固定的节日。中秋节盛行于宋朝,至明清时,已成为我国的主要节日之一。

关于中秋节的传说,以下几种流传最广。

(一)嫦娥奔月

相传,远古时候天上有十个太阳同时出现,晒得庄稼枯死,民不聊生。一个名叫后羿的英雄,因同情受苦的百姓,登上昆仑山顶,运足神力,拉开神弓,一口气射下九个太阳,并严令最后一个太阳按时起落,为民造福。后羿因此受到百姓的尊敬和爱戴。后羿娶了个美丽善良的妻子,名叫嫦娥。

后羿除传艺狩猎外,终日和妻子在一起。人们都羡慕这对郎才女貌的恩爱夫妻。不少志士慕名前来投师学艺,心术不正的蓬蒙也混了进来。

一天,后羿到昆仑山访友求道,巧遇由此经过的王母娘娘,便向王母求得一包不死药。据说,服下此药,能即刻升天成仙。然而,后羿舍不得撇下妻子,只好暂时把不死药交给嫦娥珍藏。嫦娥便将药藏进梳妆台的百宝匣里。不料小人蓬蒙看见了嫦娥的举动,他想偷吃不死药自己成仙。

三天后,后羿率众徒外出狩猎,心怀鬼胎的蓬蒙假装生病,留了下来。待后羿率众人走后不久,蓬蒙手持宝剑闯入内宅后院,威逼嫦娥交出不死药。嫦娥知道自己不是蓬蒙的对手,危急之时她当机立断,转身打开百宝匣,拿出不死药一口吞了下去。嫦娥吞下药,身子立刻飘离地面,向天上飞去。由于嫦娥牵挂着丈夫,便飞落到离人间最近的月亮上成了仙。

傍晚,后羿回到家,侍女们哭诉了白天发生的事。后羿既惊又怒,抽剑去杀恶徒,但蓬蒙早逃走了。后羿气得捶胸顿足,悲痛欲绝,仰望着夜空呼唤爱妻的名字。这时他惊奇地发现,今天的月亮格外皎洁明亮,而且有个晃动的身影酷似嫦娥。他拼命朝月亮追去,可是他追三步,月亮就退三步,他退三步,月亮就进三步,无论怎样也追不到跟前。

后羿无可奈何,又思念妻子,只好派人到嫦娥喜爱的后花园里,摆上香案,放上她平时最爱吃的蜜食鲜果,遥祭在月宫里眷恋着自己的嫦娥。百姓们闻知嫦娥奔月成仙的消息后,纷纷在月下摆设香案,向善良的嫦娥祈求吉祥平安。

从此,中秋节拜月的风俗在民间传开了。

(二)吴刚伐桂

关于中秋节还有这样一个传说:相传月亮上广寒宫前的桂树生长繁茂,有五百多丈高,树下有一个人常在砍伐它,但是每次砍下去之后,被砍的地方又立即合拢了。几千年来,这棵桂树就这样随砍随合,永远也不能被砍光。据说这个砍树的人名叫吴刚,是汉朝西河人,曾跟随仙人修道到了天界,但是他犯了错误,被贬谪到月宫,日日做这种徒劳无功的苦差事。李白诗中就有"欲斫月中桂,持为寒者薪"的记载。

(三)朱元璋与月饼

中秋节吃月饼相传始于元代。当时,中原广大人民不堪忍受元朝统治阶级的残酷统治,纷纷起义抗元。朱元璋联合各路反抗力量准备起义。但朝廷官兵搜查得十分严密,传递消息十分困难。军师刘伯温便想出一个计策,命令属下把写有"八月十五夜起义"的纸条藏在饼馅里,再派人分头将饼送到各地起义军中,通知他们在八月十五日晚上起义响应。到了起义的那天,各路义军一齐响应。很快,徐达就攻下元大都,起义成功了。后来,朱

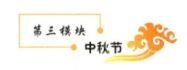

元璋在每年的中秋节都会让全体将士与民同乐,并将当年起兵时用以秘密传递信息的"月饼"作为节令糕点赏赐群臣。此后,"月饼"制作越发精细,品种更多,大者如圆盘,成为馈赠的佳品。以后中秋节吃月饼的习俗便在民间流传开来。

二、中秋节风俗

中国地缘广大,人口众多,风俗各异,中秋节的过法也是多种多样。人们把酒问月,庆贺美好的生活,或祝远方的亲人健康快乐,和家人"千里共婵娟"。不同的风俗形式不一,但都寄托着人们对生活无限的热爱。比较普遍的风俗有以下几种。

(一) 秋暮夕月

我国人民在古代就有"秋暮夕月"的风俗。夕月,即祭拜月神。到了周代,每逢中秋夜,民间都要举行迎寒和祭月。设大香案,摆上月饼、西瓜、苹果、红枣、李子、葡萄等祭品,其中月饼和西瓜是绝对不能少的,西瓜还要切成莲花状。在月夜,将月亮神像朝着月亮的那个方向,红烛高燃,全家人依次拜祭月亮,然后由当家主妇切开团圆月饼。

(二) 赏月

在唐代,中秋赏月、玩月的风俗颇为盛行。在宋代,中秋赏月之风更盛。据《东京梦华录》记载:"中秋夜,贵家结饰台榭,民间争占酒楼玩月。"每逢这一日,京城的所有店家、酒楼都要重新装饰门面,在牌楼上扎绸挂彩,出售新鲜佳果和精制食品。夜市热闹非凡,百姓们多登上楼台赏月,一些富户人家会在自己的楼台亭阁上赏月。

明清以后,中秋节赏月风俗依旧,许多地方形成了烧斗香、树中秋、点塔灯、放天灯、走月亮、舞火龙等一系列风俗。

(三) 吃月饼

我国民间过中秋都有吃月饼的风俗。月饼最初是用来祭奉月神的祭品。后来人们逐渐把中秋赏月与品尝月饼结合在一起,寓意家人团圆。

月饼最初是在家中制作的。近代有了专门制作月饼的作坊后,月饼的制作越来越精细,馅料也越来越考究,在月饼的表层还印有各种精美的图案,如"嫦娥奔月""银河夜月""三潭印月"等。人们借月之圆期盼人之团圆,用月饼寄托思念故乡、思念亲人之情,祈盼丰收、幸福。月饼还被用来当作礼品送亲赠友、联络感情。

（四）中秋夜烧塔

中秋夜烧塔在南方颇为盛行。塔高1~3米，多用碎瓦片砌成。大的塔要用砖块砌底，底约占塔高的1/4，然后再用瓦片叠砌而成，顶端留一个塔口，供投放燃料用。中秋夜，人们便点火烧塔。民间还有赛烧塔活动，谁把瓦塔烧得全座红透则胜，不及的或在燃烧过程中瓦塔倒塌的则负，胜者由主持人发给彩旗、奖金或奖品。

三、我国部分地区中秋节风俗

（一）福建省

在浦城县，女子过中秋要穿行南浦桥，以求长寿。在建宁县，中秋夜以挂灯为向月宫求子的吉兆。龙岩人吃月饼时，长辈会在中央挖出直径两三寸的圆饼食用，意思是秘密之事不能让晚辈知道，而这个习俗是源于月饼中藏有反元杀敌讯息的传说。

（二）广东省

广东部分地区有中秋拜月的习俗，有"男不圆月，女不祭灶"的俗谚。晚上，皓月初升，妇女们便在院子里、阳台上设案当空祷拜。银烛高燃，香烟缭绕，桌上还摆满佳果和饼食作为祭礼。广东人还有中秋吃芋头的习惯，民间有"河溪对嘴，芋仔食到畏"的俗谚。

（三）安徽省

安徽部分地区的青少年在中秋节会打中秋炮。中秋炮是皖南一带的风俗。青少年将稻草扎成发辫状，浸湿后再拿起来向石上打击，响声如同炮鸣。打中秋炮有庆祝丰收的含义。安徽部分地区在中秋节还有游火龙的习俗。人们将稻草扎成龙形，在"龙"身上插上香柱，游龙时将香柱点燃，然后将稻草龙举起舞动。远远望去，像是一条火龙在翻腾，热闹非凡。

（四）四川省

四川人过中秋除了吃月饼外，还要打粑、杀鸭、吃麻饼、吃蜜饼等。有的地方也点桔灯，悬于门口，以示庆祝。也有儿童在柚子上插满香，沿街舞动，叫作"舞流星香球"。

（五）河北省

河北省部分地区称中秋节为"小元旦"。部分民众认为中秋雨为苦雨，若中秋节下雨，青菜的味道必定不佳。

（六）江苏省

南京人在中秋节除爱吃月饼外，必吃金陵名菜桂花鸭。"桂花鸭"于桂花飘香之时应市，肥而不腻，味美可口。酒后人们必食小糖芋头，浇以"桂浆"，美不待言。桂浆，一名糖桂花，是在中秋前后采摘桂花，用糖及酸梅腌制而成。

在苏州、无锡等地，中秋夜要烧斗香。香斗四周糊有纱绢，绘有月宫、嫦娥、玉兔、桂树等图案。也有香斗以线香编成，上面插有纸扎的魁星及彩色旌旗。苏州一带还有中秋"走月"的习俗。中秋夜，妇女们相约结伴，或在月下嬉戏玩耍，或互相串门话家常。

四、扬州中秋节风俗

（一）祭月

老扬州都遵循着传统的祭月习俗。中秋节晚上，女性都竞相在阳台、庭院陈设果品糕点，点燃香烛，向月祈拜。在扬州，敬月的供品十分丰富，有菱角、嫩藕、莲蓬、柿子、石榴、芡实、栗子、芋头、南瓜等，还有一盘鱼，加上"月宫饼"，总之，越丰盛越好。

（二）月饼贴纸

在扬州民间传说中，吃月饼与农民起义是联系在一起的：元代末年，老百姓想起义造反，但统治者监视严密，采取了十户连坐的制度。老百姓不敢公开约定起义日期，有人提议把写明"八月十五夜起义"的纸条藏在饼馅里，将饼分送给大家，届时一呼百应，揭竿起义。后来，民间就一直有八月十五吃月饼的习俗。至今，扬式月饼的底部还贴有薄薄的一小块方形纸，其来源就出于此。

（三）瘦西湖赏月

"二十四桥明月夜，玉人何处教吹箫。"扬州人自古就有中秋赏月的习俗。传说中秋月圆之夜，在瘦西湖畔看五亭桥下，每个桥洞都能看见一个月亮，一共可以看到15个月亮。因此每到中秋，扬州人都争着到五亭桥边看这一月亮奇观。

（四）照月求子

在扬州，有"照月求子"的旧俗，认为久婚不孕的妇女，在中秋圆月当头时独坐院中，清沐月光，此后便可怀孕。婚后的夫妻，也必须双双携带中秋月饼等礼物，向父母回报养育之恩。但是妇女又必须在中秋月夜之前返回夫家。凡外出办事的人也都要尽可能在中秋节前返家，与全家人在中秋节团聚。

（五）点亮"宝塔灯"

老扬州人认为月亮是一位神明，尊称月亮为"月亮公公"，而在祭拜"月亮公公"的时候，不光要摆上祭品，还要点亮"宝塔灯"（用铜丝将玻璃片扎成宝塔形），祈求"月亮公公"的护佑。

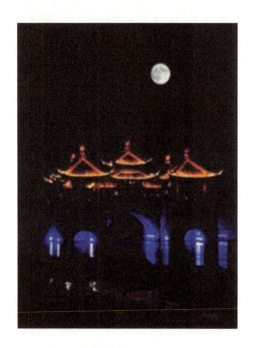

（六）包圆烧饼

中秋节当天，家家忙着包圆烧饼，这应该是扬州城乡一个特别的食俗。圆烧饼，顾名思义，寓意团团圆圆，另蕴含庆祝秋熟丰收之意。至今，许多老扬州包的烧饼还分供饼和食饼两种。供饼是五只大小不同的圆饼，到敬月时垒成宝塔形；食饼的大小和数量不等。

（七）分食月饼

扬州人拜月后分食月饼有讲究：由家中主妇掌刀，按全家人口计算（外出的人口也计算在内），切成大小均匀的小块，每人一块，既不能破碎，又不能少切。未归家者由其子女代食，如家中有孕妇，还要增加一块，由孕妇之夫代食，以示家庭生活和美之意。

（八）吃"馊月饼"

古扬州还有一个有趣的风俗，就是八月十六，出嫁的女子带着小孩回娘家吃"馊月饼"。同样的风俗还有端午节的第二天，出嫁的女子带着小孩回娘家吃"馊粽子"。

（九）吃烂面烧饼

在扬州，还有一种在中秋节前后非常盛行的吃食，那就是烂面烧饼。由于烂面烧饼制作精细，吃起来松软味美，所以广受欢迎。不过由于烂面烧饼制作费时费力，且需要一定的技巧，所以现在会做烂面烧饼的市民已经不多了，只有一些老扬州还掌握着这个传统手艺。

中秋节诗文赏析

中秋月
【宋】晏 殊

十轮霜影[1]转庭梧，
此夕羁人独向隅。
未必素娥[2]无怅恨，
玉蟾清冷桂花[3]孤。

注释

1. 霜影：月影。
2. 素娥：嫦娥。
3. 桂花：桂树。

译文

中秋月圆，月光洒到庭院，院中梧桐树影婆娑，我独自一人羁旅异乡，遥看天上明月。想那月宫中的嫦娥，现在也未尝不感遗憾吧，陪伴她的，毕竟只有那清冷的蟾蜍和孤寂的桂树。

赏析

《中秋月》是宋代晏殊的一首诗。这首诗以"中秋月"为题，写出了凄怆的游子心情。诗人幻想中秋时节嫦娥在月亮上遥望人间，未必不嫉妒人间的家人团圆、亲人团聚、共享天伦，为自己孤单地与玉蟾和桂树相伴而哀怨。诗人表达出了自己的一种乡愁。

这首诗以"中秋月"为题，虽没有带一个"月"字，但用"月"表现出来的乡愁却是清新自然。

月夜忆舍弟[1]
【唐】杜 甫

戍鼓[2]断人行[3]，边秋[4]一雁声。
露从今夜白[5]，月是故乡明。
有弟皆分散，无家问死生[6]。
寄书长[7]不达[8]，况乃[9]未休兵[10]。

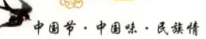

注释

1. 舍弟：谦称自己的弟弟。
2. 戍鼓：戍楼上的更鼓。戍，驻防。
3. 断人行：指鼓声响起后，就开始宵禁。
4. 边秋：一作"秋边"，边塞的秋天。
5. 露从今夜白：指在气节"白露"的夜晚。
6. 有弟皆分散，无家问死生：弟兄分散，家园无存，互相间都无从得知死生的消息。
7. 长：一直，老是。
8. 达：到。
9. 况乃：何况是。
10. 未休兵：战争还没有结束。

译文

戍楼上的更鼓声隔断了人们的来往，边塞的秋天里，一只孤雁正在鸣叫。从今夜就进入了白露节气，月亮还是故乡的最明亮。有兄弟却都分散了，没有家无法探问生死。寄往洛阳城的家书常常不能送到，何况战争还没有结束。

赏析

在古代诗歌中，思亲怀友是常见的题材。这类作品要力避平庸，不落俗套，单凭作者生活体验是不够的，还必须在表现手法上匠心独运。杜甫正是在对这类常见题材的处理中显出了他的大家本色。

诗一起即突兀不平。题目中有"月夜"，作者却不从月夜写起，而是首先描绘了一幅边塞秋天的图景："戍鼓断人行，边秋一雁声。"耳目所及皆是一片凄凉景象。"断人行"点明社会环境，说明战事仍然频繁、激烈，道路为之阻隔。两句诗渲染了浓重悲凉的气氛，这就是"月夜"的背景。

颔联点题。"露从今夜白"，既写景，也点明时令。那是在白露节的夜晚。"月是故乡明"，也是写景，却与上句略有不同。作者所写的不完全是客观实景，而是融入了自己的主观感情。明明是普天之下共一轮明月，本无差别，偏要说故乡的月亮最明；明明是作者自己的心理幻觉，偏要说得那么肯定，不容置疑。然而，这种以幻作真的手法却并不使人觉得于情理不合，这是因为它极深刻地表现了作者微妙的心理，突出了对故乡的感怀。

诗由望月转入抒情，过渡十分自然。月光常会引人遐想，更容易勾起思乡之念。诗人今遭逢战乱，又在这清冷的月夜，更是别有一番滋味在心头。在他的绵绵愁思中夹杂着生离死别的焦虑不安，语气也分外沉痛。"有弟皆分散，无家问死生"，上句说弟兄离散，天各一方，下句说家已不存，生死难卜，写得伤心折肠，感人至深。这两句诗也概括了安史之乱中人民饱经忧患丧乱的普遍遭遇。

"寄书长不达，况乃未休兵"，紧承

第五、六两句进一步抒发内心的忧虑之情。亲人们四处流散,平时寄书尚且常常不达,更何况战事未停。

全诗层次井然,首尾照应,承转圆熟,结构严谨。"未休兵"则"断人行",望月则"忆舍弟","无家"则"寄书不达",人"分散"则"死生"不明,一句一转,一气呵成。

水调歌头·明月几时有
【宋】苏轼

丙辰[1]中秋,欢饮达旦[2]。大醉,作此篇,兼怀子由[3]。

明月几时有?把酒[4]问青天。
不知天上宫阙[5],今夕是何年?
我欲乘风归去[6],又恐琼楼玉宇[7],
高处不胜[8]寒!起舞弄清影[9],何似[10]在人间?
转朱阁,低绮户,照无眠[11]。
不应有恨,何事长向别时圆[12]?
人有悲欢离合,月有阴晴圆缺,此事古难全。
但愿人长久,千里共婵娟。

注释

1. 丙辰:指公元1076年(宋神宗熙宁九年)。这一年苏轼在密州(今山东省诸城市)任太守。
2. 达旦:到天亮。
3. 子由:苏轼的弟弟苏辙的字。
4. 把酒:端起酒杯。把,执、持。
5. 天上宫阙(què):指月宫。阙,古代城墙后的石台。
6. 归去:回去,这里指回到月宫里去。
7. 琼楼玉宇:美玉砌成的楼宇,指想象中的仙宫。
8. 不胜:经受不住。胜,承担、承受。
9. 弄清影:意思是月光下的身影也跟着做出各种舞姿。弄,赏玩。
10. 何似:何如,哪里像。
11. 转朱阁,低绮户,照无眠:月儿移动,转过了朱红色的楼阁,低低地挂在雕花的窗户上,照着没有睡意的人(指苏轼自己)。朱阁,朱红的华丽楼阁。绮户,雕饰华丽的门窗。
12. 不应有恨,何事长(cháng)向别时圆:(月儿)不该(对人们)有什么怨恨吧,为什么偏在人们分离时圆呢?何事,为什么。

译文

丙辰年的中秋节,高兴地喝酒直到第二天早晨。喝到大醉,写了这首词,同时思念弟弟苏辙。

明月是从什么时候开始出现的?我端起酒杯遥问苍天。不知道在月宫现在是何年何月。我想要乘清风回到天上,又恐在美玉砌成的楼宇中受不住高耸九天的寒冷。翩翩起舞玩赏着月下清影,哪像是在人间。

月儿转过朱红色的楼阁,低低地挂在雕花的窗户上,照着没有睡意的自己。明月不该对人们有什么怨恨吧,为什么偏在人们离别时才圆呢?人有悲欢离合的变迁,月有阴晴圆缺的转换，这种事自古以来难以周全。只希望这世上所有人的亲人能平安健康，即使相隔千里，也能共享这美好的月光。

赏析

这首词是苏轼创作进入全盛时期的代表作。全词酣畅淋漓，一气呵成，读起来朗朗上口，是咏月诗词中不可多得的名篇。词上片写"欢饮达旦，大醉"的情状，下片写佳节思亲的惆怅，全词充盈着奇特的想象和俊逸的浪漫气息。

在上片中，明月清辉逼人，美酒香醇醉人，词人不禁浮想联翩。词人以谪仙自居，意欲"乘风归去"。"又恐琼楼玉宇，高处不胜寒"反接上句，欲去又止，词情一顿。"起舞弄清影，何似在人间"表达了苏轼飘飘欲仙却又脚踏人间泥土、热爱人生的精神面貌。琼楼玉宇、乘风奔月、月宫高寒，无一不是人们熟知的神话传说，被词人信手拈来表现其中秋月夜的"欢"情"醉"意，舒卷自如，既写尽了"欢"，也写活了"醉"。

下片写思亲，仍扣"月"而行，情绪略转低回。"转朱阁，低绮户，照无眠。"月光流转，斯人不眠。"不应有恨，何事长向别时圆？"此一问，婉转真挚，体验独到，足见怀人之深之切。"人有悲欢离合……"三句词情再作跌宕。词人运思入理，以他特有的旷达洒脱自我排解。既然天地间万事万物都不能十全十美，最后顺理成章，以"但愿人长久，千里共婵娟"的美好祝愿结束全词。至此情绪一宽，圆月的光辉似乎也更为清朗可爱了。

观月记

【宋】张孝祥

月极明于中秋，观中秋之月，临水胜[1]；临水之观[2]，宜[3]独往；独往之地，去[4]人远者又胜也。然中秋多无月，城郭宫室，安得皆临水？盖[5]有之矣，若夫远去人迹，则必空旷幽绝之地[6]。诚[7]有好奇之士，亦安能独行以夜[8]而之空旷幽绝，蕲[9]顷刻之玩也哉！今余之游金沙堆，其具是四美者与[10]？

盖余以八月之望[11]过洞庭，天无纤云[12]，月白如昼。沙[13]当洞庭青草之中，其高十仞，四环之水，近者犹数百里[14]。

余系船其下,尽却¹⁵童隶而登焉。沙之色正黄¹⁶,与月相夺¹⁷;水如玉盘,沙如金积,光采激射¹⁸,体寒目眩¹⁹,阆风²⁰、瑶台、广寒之宫²¹,虽未尝身²²至其地,当亦如是而止²³耳。盖中秋之月,临水之观,独往而远人,于是²⁴为备²⁵。书以为金沙堆观月记。

注释

1. 临水胜:靠近水的地方最好。
2. 观:观赏。
3. 宜:适当。
4. 去:距离。
5. 盖:句首语气词。
6. 若夫……幽绝之地:"若夫……则"表示"要么……要么……"
7. 诚:果真。
8. 独行以夜:在夜中独行。以,于。
9. 蕲(qí):求。
10. 其具是四美者与:大概具备了这四个好的条件吧?其,语气词,大概。四美,指上文所说赏月最理想的四个条件:中秋之月、临水之观、独往、去人远者。
11. 八月之望:八月十五日。望,指夏历每月十五日。
12. 天无纤(xiān)云:天空没有一丝云彩。
13. 沙:指金沙堆。
14. 四环……数百里:金沙堆四周环绕的水域,距离近的都还有几百里宽。
15. 尽却:全部退去。却,退。
16. 正黄:纯黄,指没有杂色。
17. 与月相夺:和月光争辉。
18. 激射:喷射。
19. 目眩(xuàn):眼花。
20. 阆(làng)风:传说是仙界昆仑山所谓"三山"之一。
21. 广寒之宫:即月宫。
22. 身:亲自。
23. 如是而止:如此而已。
24. 于是:在这里。
25. 备:齐全,完备。

译文

月亮在中秋之夜最明亮,而观赏中秋的月亮,到靠近水的地方景观优美。到靠近水的地方去观赏,最好是独自一人前往。而独自前往的地方,又以离人远的地方最好。可是,中秋往往没有月亮。况且城郭宫室等地方,又哪里能都靠近水泽呢?假如有这样的地方,要么是远离人居、人迹罕至,要么是空旷幽静之处。果真有喜欢猎奇的人士,谁又能在黑夜中独行而到达这样空旷幽静的地方以求得一时的快乐呢?我现在金沙堆游玩,这里不正符合赏月的四个条件吗?

我于八月十五路过洞庭湖,天空明朗,没有一丝云朵,月光皎洁,宛如白天。金沙堆正好位于洞庭湖内,整个沙洲青草葱茏,高有十仞,四面绿水环绕,最近的陆地离这里也有几百里。我把船停靠在岸边,系在沙洲下面,让书童、仆役全部退去,然后徐步向上攀登。只见沙洲上的沙子一片金黄,和月光争辉;这时候,湖水犹如玉盘,沙子宛若堆积的黄金,光芒四射。微风吹过,顿感一阵凉意,似觉眼花,阆风、瑶台、广寒宫,虽然没有曾经亲身到过那里,但应该也不过如此吧。看样子中秋之月、临水、独往、去人远,在这里全都齐了啊!特写此文以记述金沙堆观月情景。

赏析

金沙堆由沙积而成。在明月映照之下,沙子与月光争辉,黄金般的积沙与白玉盘似的湖水"光采激射",作者用语言文字描绘出一幅光、色可见的图画。文中提出观月"四美"之说,表现了作者的审美趣味,其中"独往""去人远"与作者被罢官后的心情也不无关系。这篇作品有议论、叙述,有描写、抒情,意到笔随,流畅自如。

中秋节文化活动——中秋祭月

中秋节源自古代对月神的祭祀,它是中华民族祭月习俗的遗存和衍生。祭月是中国古代重要祭礼之一。早在周朝,帝王就有春分祭日、夏至祭地、秋分祭月、冬至祭天的习俗。《礼记》中记载的"天子春朝日,秋夕月。朝日以朝,夕月以夕"就描述了中国古代帝王春天祭日、秋天祭月的礼制。

随着时间的推移,原先为朝廷及上层贵族所奉行的祭月礼仪也逐渐流传到民间。礼仪式的皇家祭神行为变成了大众化的民俗活动,并逐渐形成了一种风俗延续下来。同时,祭月的日子也由秋分日移到了离秋分最近的满月日——中秋。宋代起,祭月习俗开始成为求月神赐福的一种形式,男人求功名利禄,女人则求貌美如仙。明清时期,中秋祭月形成了一套相对固定的祭拜仪式:中秋节夜,世人面朝月出方位设祭案,案上呈放月饼、月果等圆形供品,然后对月拜祭。祭拜完后焚毁月光纸,分食祭祀供品。祭月活动在民国期间仍然风行,1949年后才因形势的变化而逐渐消失,所以现代人在中秋节只知吃月饼而不知祭月。然而,近几年来民间又重新开始出现由官方或民间组织的祭月活动。中国素以"礼仪之邦"而著称。孔夫子有"不学礼,无以立"的庭训。祭祀礼

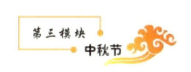

仪是一个民族文化的重要组成部分，排在我国传统"五礼"首位的吉礼，就是祭祀天地神灵之礼。所以说，祭月活动重新受到重视应该说是历史发展的必然。

祭月要持肃敬之心，祭月前要沐浴更衣，以示对月神之敬意。中秋夜家人团聚一堂，面对月出方向设祭案，案前高挂月神像（俗称月光纸），案上放置月饼、祭酒、西瓜（切成莲花状）或其他水果以及其他食品作为祭祀供品，外加红烛两支、小型祭香插座（或香炉）一个，酒杯（或酒爵）三只。若行跪（汉代又称经坐，即膝盖并紧，臀部坐在脚跟上，脚背贴地）拜礼，则需在案前铺设跪拜席位。在家人中选出主祭一位（明清时期逐渐有"男不祭月"的习俗，故主祭一般是家中女性长者。但现代祭月可以不考虑明清的这一习俗），其职责是代表并引领家人行使祭月的礼仪。另选赞礼一位，主导祭月的过程。现代中秋祭月，应以传承华夏千年传统文化为主。

祭月仪式中的一个重要环节就是高声诵读祭文。祭文是祭奠和供奉先人神灵时诵读的文章。在传统的祭祀仪式上，一般都采用古体祭文，以延古风，继承古代礼乐制度。古体祭文的书写格式，习惯以"维"字开头。"维"是助词，仅作发语词（可拖长音，示意"开始读祭文了"）。紧接着开篇明义，即言明祭祀时间及祭祀谁，谁来祭祀。祭文的主体必须简练，简明扼要地表达对祭祀对象的缅怀之情，常以回忆祭祀对象的生平业绩为主，或加以感情的抒发。最常见的古体祭文是四言句。好的古体祭文，语言押韵。可一韵到底，也可中间变韵。祭文结尾用"尚飨（读享）"一词结尾，表示希望祭祀对象来享用祭祀的供品。

祭月不在供品有多少，只求祭祀者心存敬意。民间常月的祭月供品是月饼和桂花酒。

月饼是中秋节的重要元素之一。但是，月饼实际上是用作祭月的供品。月饼是在祭月仪式中供月神"飨"的供品，在月神"飨"后，祭月仪式完后，祭月者才可以"餕"。我们的先人认为：月神享用供品后，便把福祉寄寓在供品中。祭月者分食祭月供品，便能得到月神的赐福与保佑。

67

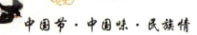
中国节·中国味·民族情

月宫早期神话基本与道教有关。因为古时桂树被认为是不老树，又因《淮南子》中有"月中有桂树"的记载，所以桂树与月亮有了初步的联系。汉武帝曾在汉宫内建桂宫，欲食桂而长生不老。后唐《酉阳杂俎》中则记载吴刚学仙有过，谪令伐桂树，然树随创合永无止境。因而有了"吴刚伐桂"的传说。八月十五，丹桂飘香。中秋节正值桂花盛开之际，故人们逐渐忘记了"月中有桂树"的道教寓意，而是把桂花直接与中秋联系在一起。桂花酒最早出现在《楚辞·九歌·东皇太一》中："奠桂酒兮椒浆。"更有毛泽东那广为人知的名句"问讯吴刚何所有，吴刚捧出桂花酒"，使得桂花酒理所当然地成为中秋祭月的首选。

中秋节综合实践活动

一、活动名称

活动名称为"月到中秋分外明"。

二、活动时间

中秋节作为秋学期第一个传统佳节，一般情况下是在阳历9月，少数会在10月，所以中秋节的综合实践活动应该从学生秋学期开学开始，为期一个月左右。

三、活动目的

活动目的是以中华民族传统节日——中秋节为契机，让学生了解风俗、传承文化，激发学生对传统节日的热爱，让学生在活动中感受到浓浓的团圆氛围，感受到深刻的亲情、故乡情、家国情。

四、团队分工

1. 讨论策划组：制订方案、组织活动。

2. 搜集材料组：主要通过书籍阅读和网络搜索的办法，搜集和中秋文化相关的资料，为征文、演讲、诗会等语文综合实践活动做准备。

3. 后勤组：布置会场、准备音响等。

五、活动流程

1. 准备阶段。在周一升旗仪式国旗下讲话中，由学校领导宣传活动，布置任务；在开学初的班主任会上由学工处布置任务；团委召集各班团支部书记开会布置任务；各班级通过黑板报进行前期宣传准备工作。

2. 实践环节。

（1）主题班会。以班级为单位开展主题班会，推选出优秀班级，学校予以表彰。

（2）创意抒情。在校内设一面"寄情"墙，学生可以把想对同学、亲人、老师、长辈说的话写在纸上并贴在墙上。

（3）征文演讲。以"月到中秋分外明"为主题撰写文章，并进行演讲。演讲比赛以系部为单位进行初赛，优胜者进入校内决赛。

（4）开展志愿服务活动。中秋节期间，组织学生志愿者进社区，开展志愿服务，为社区的军人家属、孤寡老人和贫困者送月饼、送温暖，陪他们共度中秋佳节。

六、活动评价

班主任从创意性、参与度、效果三个维度对学生进行考量，给出合理评价。

附　扬州旅游商贸学校湖南慈善励志班2016年中秋综合实践活动

一、活动名称

本活动为"月到中秋分外明"之"别样中秋别样情"。

二、活动时间

活动时间为2016年9月4日（湖南慈善励志班新生入校日）至9月19日。

三、目的意义

活动目的是以中华民族传统节日——中秋节为契机，让湖南慈善励志班的学生了解风俗、传承文化，激发他们对传统节日的热爱，在活动中感受到浓浓的团圆氛围，感受到深刻的亲情、故乡情、家国情。

四、团队分工

校方：湖南慈善励志班相对特殊，本次活动由俞校长指挥，学工处郑主任、万老师及团委张书记具体负责（联系社区、布置会场、购买礼物等），班主任高老师、袁老师负责组织学生、全程陪同，把活动要求落实到位。也就是说，该活动的讨论策划组和后勤组的工作由校方担任。

学生方：就本次活动而言，校方给了极大支持，学生们在这次活动的最后一个环节"别样中秋别样情"诗会中才真正唱起了主角，有了具体的分工：大家主要通过书籍阅读和网络搜索，搜集和中秋文化相关的诗、词、文。有的同学还完成了原创诗作，并且制作了精美的PPT，准备了适合的配乐。

五、活动流程

（一）宣传环节

在周一升旗仪式国旗下讲话中，由俞校长宣传活动，布置任务；在开学

初的班主任会上由郑主任代表学工处布置任务；团委张书记召集湖南慈善励志班的团支部书记开会布置任务；高老师、袁老师的班级通过黑板报进行前期宣传准备工作。

（二）实践环节

（1）组织湖南慈善励志班的同学到丰乐社区与"兵妈妈"共度中秋。全国优秀志愿组织兵妈妈服务队的名片人物魏书珉、杨友妹等10多位"兵妈妈"亲自下厨为孩子们烹制美食，陪孩子们共进晚餐，让孩子们尝到了久违的"妈妈的味道"。

（2）9月14日中秋节当天，学校为湖南慈善励志班的同学们精心准备了联谊晚会，并准备了月饼、水果、糖果，食堂还特意做了带有家乡风味的辣子鸡。俞校长、郑主任以及扬州教育新闻人物万老师等特地来到学校，和同学们欢度中秋。

（3）9月19日，同学们举行了"别样中秋别样情"诗会，不仅重温了前人的佳作，还朗诵了自己围绕中秋活动创作的小诗和美文，既受到了传统文化的熏陶，又对本次活动进行了一个别样的具有文化气息的总结。

六、活动评价

1. 创意性：本次活动让远道而来的湖南的寒门学子感受到了浓浓的中秋氛围，更尝到了"妈妈的味道"。组织者还别出心裁地以诗会形式让学生对活动进行总结，使得活动既富创意性，又充满了浓浓的人文关怀。

2. 参与度：不仅湖南慈善励志班的学生参与了该活动，他们的班主任高老师、袁老师，以及俞校长、郑主任等人都参加了活动，被誉为"万妈妈"的万老师的现身更是受到了同学们的热烈欢迎。社区的"兵妈妈"们的加入，让该活动的参与度得到了极大的提高。

3. 效果：通过该活动，学生了解了风俗，学习了文化，提高了自己的文学鉴赏和创作水平，激发了自己对传统节日的热爱，在活动中感受到了浓浓的团圆氛围，感受到了深刻的亲情、故乡情、师生情。

"月到中秋分外明"语文综合实践活动设计方案

一、活动背景

"但愿人长久,千里共婵娟",中秋节作为中国传统的团圆佳节,承载着中华儿女对故乡和亲人的无限思念。中秋是中国传统的团圆的日子,远方的游子能够归家和家人团聚,自然感觉中秋的月亮特别明亮;而不能团圆的人们面对皎洁的明月,则更能勾起无尽的相思。为了让传统文化得到进一步的传承,使学生更深入地了解"中秋"二字蕴含的内容,学校开展了"月到中秋分外明"语文综合实践活动。

二、活动目标

1. 让学生较全面地了解与中秋有关的知识,了解中秋的由来、习俗、文化活动、古诗文等内容。

2. 培养学生的自主研读能力以及口头表达和书面表达能力。

3. 让学生感受中秋的思乡、思亲的氛围,培养学生对中国传统节日的热爱之情。

三、重点与难点

重点:引导学生了解中国的节令文化——中秋文化,分析关于中秋节的古诗词的意象、意境,感受人与人之间的亲情、友情、乡情。

难点:在分析意象、意境等内容之后能够学会使用。

四、活动准备

搜集与中秋节相关的诗文,准备好诵读时使用的配乐。

五、活动实施过程

第一阶段　准备阶段

1. 学生自主成立活动小组,并确定本组活动内容。

2. 各组制订详细的活动计划,设计调查表格和访问记录表。组员进行明确分工,每人领取相应的任务。

调查问卷:

(1) 你知道关于中秋有哪些诗文吗?

(2) 你能说出这些诗文的经典句子吗?

(3) 你了解这些诗文和哪些文化活动有关吗?

(4) 你想用何种方式来演绎?请说明原因。

第二阶段　实施阶段

(一) 课前任务

1. 按小组执行资料查找、调查研究、选择诗文、准备配乐、完成"诵明月之诗"等任务。

诵明月之诗：

初级任务：有感情地朗读诗文。

高级任务：饱含深情地诵读诗文。

各组选择诗文：《水调歌头》《赤壁赋》《月下独酌》《念奴娇·中秋》等。

2. 每人结合中秋节思乡思亲的主题，完成"抒中秋之情"任务：写一篇300～400字的小作文。

（二）课堂交流

首先由各组将成果展示给班级其他同学。大家在交流中都认为：各组的诵读任务完成得都很好。但和名家名篇相比，自己写的小作没有味道，无法打动其他同学。交流完毕，进入中心环节——"赏中秋之韵"分析文本环节。

在教师的指导下，各组同学合作，找出名篇的典型意象，如：月亮、桂树等。

1. 摄影社团的成员展示外出采风时拍摄的中秋美景，如月色、桂花的照片，和大家分享。

2. 师生结合文本和图片，以月亮为例分析典型意象的意蕴。

3. 师生讨论如何对作品进行修改。

师生讨论后明确：意象的运用，在于将主观之"意"与客观之"象"有机融合。所以要使自己的作品能够打动人心，关键在于将内心之"意"通过眼中之"象"来表达。正如王国维所说的"一切景语皆情语"，将自己的感情（在中秋节主要表达的是思乡、思亲之情）寄予物象中，用诗化的语言进行表述，是本次修改润色的关键。

三个修改步骤为：明确自己要表达的感情，明确寄托感情的物象，寄情于景、寓意于象。

（三）课后作业

"抒中秋之情"：对自己原来的小作进行润色，尝试进行意象的使用和意境的营造。

六、活动评价

1. 创意性：本活动让学生感受到了浓浓的中秋氛围，增强了学生听、说、读、写等语文方面的能力，既富创意性，又充满了浓浓的人文关怀。

2. 参与度：所有同学都参与了活动。大家根据自己的特长进行分组，然后在组间协调分工，各展所长，让该活动的参与度得到了极大的提高。

3. 效果：通过该活动，学生了解了风俗，学习了文化，提高了自己的文学鉴赏和创作水平，激发了自己对传统节日的热爱，在活动中感受到了浓浓的团圆氛围和深深的亲情、故乡情与师生情。

附　学生习作

"桂花味"的思念

月亮圆了，桂花香了，我所思念的人，你还好吗？

中秋夜下，独自坐在池塘边，一切都显得如此静谧。圆月躺在水中，微风拂过，月影渐渐模糊。我望向不远处的桂花树，闻见那桂花香，视线也模

糊起来……

外公每年中秋都会给我做一屉香喷喷的桂花糕。你看,他叫我去吃桂花糕了——"桂花糕好了,快来吃吧!"我循声望去,外公端着一屉桂花糕向我走来,我被那香气吸引而去,迫不及待地拿起一个桂花糕就往嘴里塞,也不顾烫不烫。外公连忙说:"慢点儿吃,别烫着。"桂花糕那软糯的口感,浓郁的桂花香,让我舍不得咽下。外公笑得很甜,他的笑容仿佛也是"桂花味"的。

回想起来,在外地的我许久没能沉浸在外公的桂花糕的香气中了。

如今,每个中秋,我都会想念外公,想念他的手艺,想念他那包容我的、"桂花味"的爱。独自坐在池塘边的我,闻见那花香,便情不自禁地想吃外公做的桂花糕。我走近桂花树,摘下一朵洁白的花,揉碎在指间。花瓣散发出甜甜的味道,让我仿佛再一次看见了外公那甜甜的笑容。

这花香,随着我的思念,飘向远方。我所思念的人,你,还好吗?

15102　韩思扬

第四模块

重阳节

重阳节，又称重九节、晒秋节，是中国的传统节日。

20世纪80年代起，中国一些地方把农历九月初九定为"老人节"，倡导全社会树立尊老、敬老、爱老、助老的风气。1989年，中国政府将农历九月初九定为"老人节""敬老节"。2006年5月20日，重阳节被国务院列入首批国家级非物质文化遗产名录。

重阳节风俗

一、重阳节的由来

《易经》中把"六"定为阴数，把"九"定为阳数，九月九日，日月并阳，两九相重，故曰重阳，也叫重九。重阳节早在战国时期就已经形成，历代文人墨客均对重阳节有吟咏之作。到了唐代，重阳节被正式定为民间的节日，此后历朝历代沿袭至今。

重阳在民众生活中成为夏冬交接的时间界标。如果说上巳节是人们度过漫长冬季后出室畅游的"春节"，那么重阳节就是在秋寒新至、民众即将隐居时具有仪式意义的秋游，所以民间有上巳"踏青"、重阳"辞青"的说法。

（一）重阳节的历史演变

重阳节已有两千多年的历史。战国时代，重阳节已受到人们的重视，但只有帝宫中的人会进行活动。

到了汉代，过重阳节的习俗渐渐流行。相传汉高祖刘邦的妃子戚夫人遭到吕后的谋害。戚夫人的一位侍女贾氏被逐出宫，嫁给贫民为妻。贾氏便把重阳节的活动带到了民间。贾氏对百姓说：在皇宫中，每年九月初九，都要佩茱萸、食篷饵、饮菊花酒，以求长寿。从此，重阳节的风俗便在民间传开了。

晋代文人陶渊明在《九日闲居》诗序文中说："余闲居，爱重九之名。秋菊盈园，而持醪靡由，空服九华，寄怀于言。"这里同时提到了菊花和酒，说明魏晋时期已有了赏菊、饮酒的习俗。

唐朝时，宫廷、民间一起庆祝重阳节，并且在节日期间进行各种各样的活动。

到了宋代，重阳节更为热闹，《东京梦华录》中曾记载了北宋时重阳节的盛况。

在明代，皇宫内从九月初一时就开始吃花糕庆祝。九日重阳，皇帝还要亲自到万岁山登高览胜，以畅秋志。

到了清代，重阳节的风俗依旧盛行。

（二）有关重阳节的神话传说

有关重阳节的传说有不少，民间流传着这样一个故事：

相传在东汉时期，汝河有个瘟魔，只要它一出现，就有人病倒，并且天天有人丧命。百姓们受尽了瘟魔的蹂躏。

这一年，一场瘟疫夺走了青年桓景的父母的生命，桓景自己也差点因病丧命。病愈之后，他辞别了妻子和父老乡亲，决心出去访仙学艺，为百姓除掉瘟魔。桓景四处访师寻道，终于打听到在东方一座最古老的山上有一个法力无边的仙长。桓景不畏艰难险阻，在仙鹤指引下，终于登上了那座高山，找到了那个有着神奇法力的仙长。仙长被桓景的精神感动，最终收留了桓景，并且教给他降妖的剑术，还赠他一把降妖宝剑。桓景废寝忘食、勤学苦练，终于练就了一身非凡的武艺。

有一天仙长把桓景叫到跟前说："明天是九月初九，瘟魔又要出来作恶。你的本领已经学成，你应该回去为民除害了。"仙长送给桓景一包茱萸叶，一大盅菊花酒，并且密授辟邪用法，让桓景骑着仙鹤赶回家去。

桓景回到家乡，在九月初九的早晨，按仙长的叮嘱把乡亲们领到了附近的一座山上，发给每人一片茱萸叶和一盅菊花酒，做好了降魔的准备。中午时分，随着几声怪叫，瘟魔冲出汝河。但是瘟魔刚扑到山下，突然闻到阵阵茱萸奇香和菊花酒气，便立即止步，脸色突变。这时桓景手持降妖宝剑追下山去，几个回合就把瘟魔刺死了。后来人们就把重阳节登高看作是免灾避祸的活动。从此九月初九登高避疫的风俗便年复一年地流传下来。

二、重阳节习俗

重阳节各地的风俗大同小异。重阳节的传统活动包括登高远眺、赏秋晒秋、吃重阳糕、观赏菊花、饮菊花酒、佩带茱萸等。

（一）登高远眺

重阳节首先有登高的习俗。金秋九月，天高气爽。这个时节登高远望可达到放松心情、强身健体的目的。

（二）赏秋晒秋

重阳节是最好的赏秋时期。中国南方还有些山区村落保留了"晒秋"特色。

去乡村赏民俗、看晒秋，已成为乡村旅游的一种时尚。"晒秋"是一种典型的农俗现象，具有极强的地域特色。这种村民晾晒农作物的场景逐步成了画家、摄影家追逐创造的素材。

（三）吃重阳糕

据史料记载，重阳糕又称花糕、菊糕、五色糕，制法较为随意。

祝愿子女百事俱高是古人重阳节做糕的本意。讲究的人会将重阳糕做成九层，像座宝塔，上面还要做两只"小羊"，以符合重阳（羊）之义。有的还会在重阳糕上插一面小红纸旗，并点蜡烛灯。这大概是用"点灯""吃糕"代替"登高"、用小红纸旗代替茱萸的意思。当今的重阳糕仍无固定品种，各地在重阳节吃的松软糕类都可称为重阳糕。

（四）赏菊

重阳节历来就有赏菊花的风俗，所以重阳节又称菊花节。魏晋以来，重阳聚会饮酒、赏菊赋诗已成时尚。在汉族古俗中，菊花象征长寿。

（五）饮菊花酒

重阳佳节饮菊花酒是中国的传统习俗。菊花酒在古代被看作是重阳必饮、祛灾祈福的"吉祥酒"。

菊花酒在汉代已见。其后仍有赠菊祝寿和采菊酿酒的故事。直到明清时期，菊花酒仍然盛行。

（六）佩带茱萸

古代风行九九插茱萸的习俗，所以重阳节又叫茱萸节。插茱萸和簪菊花在唐代就已经很普遍。

茱萸香味浓，有驱虫去湿、逐风辟邪的作用。民间认为九月初九也是逢凶之日，多灾多难，所以在重阳节人们喜欢佩带茱萸以辟邪求吉。茱萸因此还被人们称为"辟邪翁"。

三、我国部分地区重阳节风俗

（一）江西省

在重阳节，婺源县篁岭会举办隆重的晒秋节。篁岭古村至今还保留着较好的"晒秋"传统，秋季时将大量新鲜蔬菜瓜果晒干，形成了蔚为大观的景象。

（二）河北省

重阳节这天，河北部分地区有姻亲关系的家庭会互相送礼，称为"追节"。不少民众会以重阳的天气来预测未来晴雨。人们还会在重阳节结伴登高、放风筝。

（三）山东省

昌邑市北部人家会于重阳节喝辣萝卜汤。有谚语道："喝了萝卜汤，全家不遭殃。"在鄄城县，民间认定重阳节为财神生日，民众会烙焦饼祭财神。邹平县的部分民众会在重阳祭祀范仲淹。滕州市出嫁不到三年的女子忌回娘家过节，民间有"回家过重阳，死她婆婆娘"的说法。

（四）陕西省

在西乡县等地，重阳节这天，亲友之间会以菊花、菊糕相馈赠，士子以诗酒相赏。旧时有妇女在此日以口采茱萸，据说可以治心疼。

（五）浙江省

重阳节这天，亲友会互相拜访。部分地区的民众在重阳当天会备猪羊以祭祖，称为秋祭。同时民众也会在重阳节包粽子（称为重阳粽），互相馈赠。

（六）福建省

在重阳节，福州一带的农家民众会采田中毛豆互相馈赠，因此当地民众也把重阳节称为毛豆节。海澄地区的民众在重阳节会放风筝，人们将放风筝称为"风槎"。

（七）山西省

山西晋南地区自古就有九月九日登高的传统习惯。饱览大好河山，观仰名胜古迹，成为节日的盛举。至今还在民间传诵着"乾坤开胜概，我辈合登高"，"东风留不住，冉冉起峰头"，"九月欣新霁，三农庆有秋"等俗语。

（八）河南省

2010年中国民间文艺家协会授予南阳市西峡县"中国重阳文化之乡"的称号，并在西峡建立了"中国重阳文化研究中心"，每年农历九月九日这里都会举办"中国·西峡重阳文化节"。

四、扬州重阳节风俗

（一）登高

扬州地处长江下游平原地区，百姓苦于无山可登、无高可攀。聪明的古扬州人就在糕点上插上一面彩色的小三角旗，以示登高（糕）、避灾之意。"登高"受人重视，特别是受老年人重视的另一个原因是高(糕)有高寿的意思,人们认为"登高"可以长寿。

(二) 食重阳糕

九月九日食糕的习俗起源很早,重阳糕是扬州重阳节前后特有的时令食品。糕由米粉做成,蒸熟即食,微甜、松软、爽口,老人和孩童尤为喜欢。糕形也很有趣:正方形,小小巧巧的,中间有红点。卖糕人把若干块小糕叠成一摞,在最上面插上一面纸质小旗。小旗有红有绿,呈三角形,旗上戳有许多小孔,迎风还能飘动,这就是所谓的"重阳旗"。旧时扬州的重阳糕比现今的更精致。除了插"重阳旗"外,人们还喜欢在糕上放置几只用面捏成的"小羊"。由此可以看出当时扬州的重阳糕很有创意,有小旗,还有小羊,简直就是一件艺术品。"糕"谐音"高","小旗"意为野外登高,"羊"谐音"阳",而数只"小羊"则又意味着"重羊(阳)"。所有这些都与重阳的诸多风俗协同,既饱含着人们祈求吉祥兴旺的愿望,也表现出人们热爱生活、创造生活的乐观心态。

(三) 插茱萸

茱萸是一种药用植物。古人认为佩带茱萸,可以辟邪去灾。扬州东边的湾头镇,地处古运河急转弯处,古代该地遍植茱萸树,时至秋天,芳香遍野,故名"茱萸湾"。每年重阳,游人如织,纷纷赶去参加"茱萸会"。古代扬州是全国香料的集散地,所制香囊遍销全国各地。重阳时节人们在香囊袋里盛装茱萸果实及干叶等并佩带起来,以驱邪消灾。

(四) 饮菊花酒

过去扬州人把菊花、青陈皮、佛手等放入酒中,泡制成菊花酒。重阳时节,家家皆饮菊花酒。菊花酒在过去被看作是重阳必饮、消灾祈福的"吉祥酒"。

重阳节诗文赏析

蜀中九日
【唐】王 勃
九月九日¹望乡台²,他席³他乡送客杯。
人情已厌南中⁴苦,鸿雁那⁵从北地⁶来。

注释

1. 九月九日:指重阳节。
2. 望乡台:古代出征或流落在外乡的人往往登高或登土台眺望家乡,

这种台称为望乡台。

3. 他席：别人的酒席。这里指为友人送行的酒席。

4. 南中：南方，这里指四川一带。

5. 那：为何。

6. 北地：北方。

译文

在重阳节这天登高遥望故乡，身处他乡，设席送朋友离开，举杯之际，分外忧愁。

心中已经厌倦了南方客居的各种愁苦，鸿雁为何还要从北方飞来。

赏析

这首诗抒发了诗人佳节思亲的感情。九月九日登高遥望故乡，在客乡送客，愁思倍加，忽见鸿雁从北方飞来，不禁脱口而问，鸿雁为何还要从北方飞来？看似"无理之问"，却使诗人的思亲之情显得特别真切动人，给人以强烈的感染。

九月九日忆[1]山东[2]兄弟

【唐】王 维

独在异乡为异客[3]，每逢佳节倍思亲。
遥知兄弟登高处，遍插茱萸少一人。

注释

1. 忆：想念。

2. 山东：王维迁居于蒲县（今山西永济），在函谷关与华山以东，所以称山东。

3. 异客：他乡的客人。

译文

独自漂泊在外做异乡之客，每逢佳节到来就加倍思念亲人。遥想家乡兄弟们登高的时候都佩带了茱萸，却发现少了我一人。

赏析

本诗写游子思乡怀亲。诗人一开头便切题，写异乡生活的孤独凄然，自己时时怀乡思人，遇到佳节良辰，思念更甚。接着诗一跃而写远在家乡的兄弟，按照重阳的风俗登高时，也在怀念自己。诗意反复跳跃，含蓄深沉，既朴素自然，又曲折有致。"每逢佳节倍思亲"千百年来成为游子思亲的名言。

九日[1] 齐山登高

【唐】杜 牧

江涵秋影雁初飞，与客携壶上翠微[2]。
尘世难逢开口笑，菊花须插满头归。
但将酩酊[3]酬佳节，不用登临[4]恨落晖。
古往今来只如此，牛山[5]何必独沾衣？

注释

1. 九日：农历九月九日重阳节。

2. 翠微：这里代指山。

3. 酩酊（mǐng dǐng）：形容大醉。

4. 登临：登山临水或登高临下，泛指游览山水。

5. 牛山：山名。在今山东省淄博市。

译文

江水倒映秋影,大雁刚刚南飞,约朋友携酒壶共同登山。尘世烦扰令我平生难逢开口一笑,菊花盛开之时要插满头而归。只应纵情痛饮酬答重阳佳节,不必怀忧登山叹恨落日余晖。人生短暂,古往今来终归如此,何必像齐景公一样对着牛山流泪呢?

赏析

本诗写了诗人和朋友在重阳佳节携酒登山的情景。诗人借典抒怀,既点明了人生的短暂无常,又表达出了世事沧桑、光阴易逝的感叹。诗人通过表面的超然物外,委婉曲折地表达了内心的不平与感慨。全诗在记叙中写景,在叙事中抒情,于议论中用典,情景交融,意蕴丰厚。

重阳席上赋白菊
【唐】白居易

满园花菊郁金黄[1],中有孤丛[2]色似霜。
还似今朝歌酒席,白头翁[3]入少年场。

注释

1. 郁金黄:这里形容金黄色的菊花浓郁茂盛。
2. 孤丛:孤独的一丛。
3. 白头翁:诗人自谓。

译文

院子里开满了金黄色的菊花,中间有一丛皎白似霜的白菊独自开放。就好像今天的歌酒席上,一个头发花白的老人进了少年人欢笑喧闹的地方。

赏析

白居易这首《重阳席上赋白菊》写得新颖而别致。题为"赋白菊",诗开头却先道满园的菊花都是金黄色。"满园花菊郁金黄,中有孤丛色似霜。"这是用陪衬的手法,使那白色的"孤丛"更为突出。后两句"还似今朝歌酒席,白头翁入少年场",诗人由花联想到人,联想到歌酒席上的情景。"白头翁入少年场"颇有情趣。白菊虽是"孤丛",好似"白头翁",却与众"少年"在一起,并不觉孤寂、苍老,仍然充满青春活力。

醉花阴[1]·薄雾浓云愁永昼[2]
【宋】李清照

薄雾浓云愁永昼,瑞脑消金兽[3]。佳节又重阳,玉枕纱厨,半夜凉初透。

东篱[5]把酒黄昏后,有暗香[6]盈袖[7]。莫道不销魂[8],帘卷西风[9],人比黄花瘦。

注释

1. 醉花阴:词牌名,又名"九日",双调小令,仄韵格,五十二字,上下阕各五句三仄韵。
2. 愁永昼:白天太长让人觉得烦恼。永昼,漫长的白天。
3. 瑞脑消金兽:瑞脑,一种熏香名。又称龙脑,即冰片。消金兽,香炉里香料逐渐燃尽。消,一作"销",一作

"喷"。金兽,兽形的铜香炉。

4. 纱厨:即防蚊蝇的纱帐。

5. 东篱:泛指采菊之地。东晋陶渊明的《饮酒》中有"采菊东篱下,悠然见南山"。此句为古今之名句,故"东篱"亦成为诗人惯用之咏菊典故。

6. 暗香:这里指菊花的幽香。

7. 盈袖:满袖。

8. 销魂:形容极度忧愁、悲伤。

9. 帘卷西风:秋风吹动帘子。西风,秋风。

译文

薄雾弥漫,云层浓密,白天太长让人觉得烦恼,龙脑香在金兽香炉中逐渐燃尽。又到了重阳佳节,卧在纱帐中,睡在玉枕上,半夜的凉气将全身浸透。

在东篱边饮酒直到黄昏以后,淡淡的菊花清香溢满双袖。莫要说清秋不让人伤神,西风卷起珠帘,帘内的人儿比那黄花更加消瘦。

赏析

全词开篇说"愁",结尾言"瘦",创设出了情深愁浓的情境。这首词虽然写的是思亲,却没有出现思亲的语句。词人巧妙地将自己比作菊花,表达了自己思念丈夫的寂寞与孤寂的心情。

采桑子·重阳
毛泽东

人生易老天难老,岁岁^{1}重阳。今又重阳,战地黄花^{2}分外^{3}香。

一年一度秋风劲^4,不似春光。胜似春光^5,寥廓^{6}江天^{7}万里霜。

注释

1. 岁岁:年年。
2. 黄花:指菊花。
3. 分外:格外。
4. 劲:强劲。
5. 胜似春光:是说秋风比春光更美,是主观感受。
6. 寥廓:指宇宙的广阔,也指广阔高远。
7. 江天:指汀江流域的天空。

译文

人的一生容易衰老而苍天却不老,重阳节年年都会来到。今天又逢重阳,战地的菊花是那样的芬芳。

一年又一年秋风刚劲地吹,这景色不如春天的光景那样明媚。却比春天的光景更为壮美,汀江流域寥廓的天空中泛着白霜。

赏析

这首词营造了一个恢宏开阔的艺术境界。诗人从大处着眼,从人生感悟落笔,抒发了一个革命者的壮志豪情。全诗熔诗情、画意、野趣、哲理于一炉,形成生机盎然的诗境,既歌颂了革命战争,又显示了作者的豪迈的情怀。尽管"人生易老",但革命者的青春是和战斗、战场、解放全人类的崇高事业联系在一起的。革命者并不叹老怀悲、蹉跎岁月,而是以"只争朝夕"的精神为革命而战,一息尚存,奋斗不止。

重阳节文化活动——重阳登高

登高,指重九登高的习俗。这一活动具有陶冶情操、锻炼体魄的特点,故属节令性的民俗体育活动。古人登高,一般在每年农历九月九日重阳节进行,但也不限于九月九日,也有农历正月初七和十五日登高的风俗。

(一)重阳登高的由来

为何把重阳登山称为登高呢?据北宋宋敏求的《长安志》记载,汉朝以长安为京城,在长安的附近有一个小高台,每到重阳节,人们便会纷纷登上小高台,欣赏秋天的美景,因为所登的地方为小高台,故有"登高"之说。

在民间,重阳时节,秋收已经完毕,农事相对比较空闲。这时山野里的野果、药材之类又正是成熟的季节,农民纷纷上山采集野果、药材和供副业用的植物原料。农民们把这种上山采集叫作"小秋收"。登高的风俗最初可能就是由此演变而来的。久而久之,登高便演变成了一个美好、风雅的习俗。

(二)重阳登高的形成

汉代,重阳登高已形成一种民间习俗。西汉初年,这一风俗曾在宫中流行。每年九月九日,汉宫中都要"佩茱萸,食蓬饵,饮菊花酒"。

魏晋南北朝时期,九九重阳节是最重要的节日之一,最为时人所重视,节日活动很隆重。上自皇帝百官,下至庶民百姓,每至重九,均登高野宴。当时,采菊也是重九登高的重要活动之一。东晋诗人谢灵运为了登高方便,还自制了一种前后装有铁齿的木屐,人称"谢公屐"。其实,"谢公屐"是一种活齿木屐,上山时去掉前齿,下山时去掉后齿,以便行走。

在唐代,朝廷正式批准民间以重阳为节令,使得重阳登高愈加普及。据史书载,唐中宗曾于重阳节率群臣登高饮酒,并赋诗。王维的《九月九日忆山东兄弟》更是流传千古。

在宋代,登高之风依然风行。宋代的登高还常与赏菊结合起来,成为一时盛举。届期,无论皇室贵戚还是文人士子、小民百姓,都要赏玩菊花。文人士子们还举办社交宴乐性的菊花会,赏菊吟诗。

在明代,民间的重阳登高活动,我们可以从明人申时行的《吴山行》一诗中略窥一斑:"九月九日风色嘉,吴山胜事俗相夸。阊阖城中十万户,争门出郭纷如麻。拍手齐歌太平曲,满头争插茱萸花。"之所以称"满头争插茱萸花",是因为从唐代开始,已把臂佩茱萸之习改为头插茱萸。

清代的重阳登高活动一点也不比前朝逊色。皇宫御花园内设有供皇帝重阳登高的假山。在民间,以北京为例,早期以登阜成门外的五塔寺和左安门内的法藏寺为盛,晚清以登陶然亭、蓟门烟树(德外土城)、八大处等为多。据《燕京岁时记》载:凡登高,必"赋诗饮酒,烤肉分糕,洵一时之快事"。

登高,是重阳节最具标志性的风俗活动。古人热衷于在秋高气爽的季节登高,最初是为了驱邪避灾,后来逐渐变成休闲娱乐、保健强身、寄托情思的文体活动。

(三)登高的好处

重阳登高是我国的传统习俗,那么登高有什么好处呢?健康专家指出,所谓登高一般是指爬山运动,一步一步往高处走能使肺活量增加、血液循环加快、脑血流量顺畅。大山周围有青松翠柏,空气新鲜,是天然的"大氧吧"。这样的环境能调节人体的生理功能,对一些慢性病起到辅助治疗的作用。

登高可以增强人的体质和肌肉的耐受力。登高还可以培养人的意志,陶冶人的情操。当你登上高峰,把壮丽的风景尽收眼底时,那愉悦的心境是难以形容的。

重阳节综合实践活动

一、活动名称

活动名称为"重阳佳节敬老爱老"。

二、活动时间

活动时间为重阳节前后一星期。

三、活动目标

重阳节期间组织开展敬老爱老志愿者服务活动,旨在进一步弘扬中华民族尊老敬老的传统美德,大力培养我校学生"老吾老以及人之老"的道德风尚,进一步营造"爱老及幼、家庭和睦"的良好氛围。

四、活动内容

1. 组织志愿者到新圩敬老院慰问孤寡老人,帮助敬老院打扫卫生,陪老人谈心聊天。

2. 组织志愿者探望慰问我校部分退休教师。

五、活动过程

1. 到敬老院慰问孤寡老人。

参加报名:学生先到各班班长处报名,再由各班班长将名单交学校团委。

集中时间:10月××日上午8点30分。

参加人员:所有学生志愿者(自备清洁工具)

集中地点:学校教学楼中厅。

2. 慰问退休教师。

参加报名:学生先到各班班长处报名,再由各班班长将名单交学校团委。

集中时间:10月××日上午8点30分。

参加人员:所有学生志愿者。

集中地点:学校教学楼中厅。

六、活动要求

1. 高度重视,积极参与。大家要充分认识敬老爱老活动对弘扬中华民族传统美德、推动和谐社会构建的重要意义,高度重视此项活动,利用团组织的优势,积极动员,广泛发动,使尽可能多的学生参与到活动中来。

2. 精心组织,周密安排。结合实际,围绕各项重点活动,精心设计活动方案,认真组织开展。

3. 要收集好各类资料并以新闻稿的形式及时上报校团委。校团委通过校园广播、校报等形式进行宣传,扩大影响力。

"九九重阳，敬老爱老"
语文综合实践活动设计方案

一、活动背景

1989年，我国把每年的九月九日定为"老人节""敬老节"，使重阳节成为尊老、敬老、爱老、助老的节日。中华民族素有尊老敬老的传统美德。"莫道桑榆晚，为霞尚满天"，老人们的知识、经验是社会的宝贵财富。倡导全社会树立尊老、敬老、爱老、助老的风气也是为了让传统文化得到进一步传承。

二、活动目标

1. 掌握公益广告宣传语的基本要求。

2. 弘扬中华民族尊老敬老的传统美德，在全社会倡导树立尊老、敬老、爱老、助老的风气，激发全体学生"孝老爱亲"的内在自觉，展现我校学生尊老敬老的精神风貌，强化学生"老吾老以及人之老"的道德风尚，进一步营造"爱老及幼、家庭和睦"的良好氛围。

3. 培养学生团队合作精神。

三、重点与难点

重点：让学生学习公益广告宣传语的基本要求，增强写作的能力。

难点：通过本次活动引导学生了解中国的重阳节文化。

四、活动准备

1. 领取本次活动的主要学习任务：撰写重阳节尊老敬老公益广告词。要求学生先调查后分析，最后撰写。

2. 学生以4~6人组成一个学习活动小组，确定小组组长。各小组在组长的组织下，讨论明确本次活动的任务、目标、调查方式及责任分工。

3. 各小组成员查阅有关重阳节的相关资料，先了解现在的学生对重阳节这一传统佳节的态度，然后确定调查对象和调查的主要内容，完善整个活动方案。

4. 根据确定的调查内容，各小组成员讨论确定访谈对象，制定访谈提纲，设计调查问卷。

访谈对象：敬老院老红军、老干部、孤寡老人等。

访谈提纲：

（1）你是什么时候参加工作的？

（2）你这一生做出的主要贡献有哪些？

（3）你觉得最骄傲的一件事是什么？

(4) 你来到敬老院最大的感受是什么？

(5) 你想对我们说点什么？

调查对象：扬州市民（男、女，农村人、城市人，学生、老师，工人、农民、商人、干部，等）

调查问卷：

(1) 你知道重阳节是哪一天吗？（　）

　　A. 了解　　B. 知道一点

　　C. 不知道

(2) 你知道关于重阳节的由来和传说吗？（　）

　　A. 了解　　B. 知道一点

　　C. 不知道

(3) 你知道重阳节是"敬老节"和"老人节"吗？（　）

　　A. 了解　　B. 知道一点

　　C. 不知道

(4) 重阳节你会和父母家人一起过吗？

　　A. 会　　B. 很忙，不会

(5) 你了解有关重阳节的诗文和文化活动吗？（　）

　　A. 了解　　B. 知道一点

　　C. 不知道

(6) 你知道扬州有哪些重阳节风俗吗？（　）

　　A. 了解　　B. 知道一点

　　C. 不知道

(7) 你所在的学校或单位在重阳节会有敬老爱老的活动吗？（　）

　　A. 每年都有　　B. 偶尔有

　　C. 从来没有

(8) 你认为是什么原因导致重阳节这样的传统节日被人们忽略？（　）

　　A. 社会没有大力提倡，宣传力度不够

　　B. 工作很忙，生活节奏太快

　　C. 国家没有法定假期

　　D. 人们尊老敬老的观念淡薄

五、活动过程

（一）调查访谈阶段

1. 各小组根据确定的调查、访谈对象和调查、访谈内容，对不同的对象采取不同的方式进行调查、访谈，如单独采访、发放调查问卷、召开座谈会等。

2. 对各小组的调查结果，每个小组成员都必须有详细的调查记录。

3. 完成调查访谈分析总结。

（1）小组每个成员都对调查信息进行分析，用300字左右写出自己的认识和观点，准备参加小组讨论。

（2）在小组讨论的基础上，小组对调查得到的材料进行进一步分析，形成一致的调查结论，讨论确定公益广告的写作思路，完成公益广告初稿。最后小组对初稿进行集体讨论、修改，完成定稿。

（二）交流提升阶段

1. 交流初稿，发现问题。

（1）每个学习活动小组选派一人向全班同学介绍自己对重阳节这一传统节日的认识，并代表小组汇报本组开展调查、访谈的基本情况和具体过程,介绍最后形成的主要结论。

（2）各小组之间就活动过程、撰写的公益广告初稿进行相互评价。

（3）教师对各小组的广告宣传语进行评价、分析。

2. 各小组讨论修改方案。

3. 成果展示。

（1）各小组推荐最佳作品张贴在教室公告栏里,供全班同学学习。

（2）各小组将好的作品设计成多媒体作品,并分享到朋友圈。

六、活动评价

1. 社会影响良好。

通过本次活动,同学们充分认识到敬老、爱老对弘扬中华民族传统美德、构建和谐社会的重要意义。利用这次写调查报告的机会宣传敬老爱老的观念,在学生、家庭、社区中产生了良好的社会效应。

2. 团结协作。

各小组成员人人参与、紧密合作,培养了协作意识和团队精神。

附 学生的公益广告宣传语

1. 春蚕到死丝方尽,儿女缘何不孝顺。

2. 把温暖送给父母,让情爱陪伴老人。

3. 人间美德忠和孝,世间之交信和诚。

4. 齐家美以孝,立世贵以和。

5. 做人先敬老,人人都说好。

6. 老人安泰,国家昌盛。

7. 父恩母爱千秋难忘,尊老敬老万代流芳。

8. 尊老敬老仁之本,和谐社会孝当先。

第五模块

春节

春節

"新年到,新年到,姑娘要花,小子要炮。老头儿要顶新毡帽,老太太要块大黏糕。"喜气洋洋的歌谣唱出了新年的热闹。春节在中华大地上已至少有几千年的历史了。时光荏苒,沧海桑田的变幻中,一些旧的年俗悄然淡去,新的年俗应运而生。让我们溯着历史的河流向上,和从前的那些年事儿重逢。

春节风俗

一、春节由来

古时春节曾专指二十四节气中的立春,也被视为一年的开始。后来改为夏历正月初一(农历正月初一)为岁首。从明代开始,新年节日一般要到正月十五日(元宵节)之后才结束,有些地方的新年庆祝活动甚至到整个正月结束为止。春节是最富有中国特色的传统节日。

关于春节的由来,有很多民间传说。本书在此列举其中的几种。

版本一:驱赶年兽

相传中国古时候有一种叫"年"的怪兽,头长触角,凶猛异常,长年深居海底,每到除夕才爬上岸,吞食牲畜、伤害人命。因此,每到除夕这天,人们就扶老携幼逃往深山,以躲避"年"的伤害。

这年除夕,村里的人们正扶老携幼上山避难。这时村外来了一个乞讨的老人,只见他手拄拐杖,臂搭袋囊,银须飘逸,目若朗星。乡亲们都忙于逃命,谁还有心关照这位乞讨的老人。只有村东头一位老婆婆给了老人一些食物,并劝他快上山躲避"年"。那老人捋髯笑道:"婆婆若让我在家待一夜,我一定把'年'撵走。"老婆婆见他精神矍铄、气宇不凡,但因为害怕"年"伤害他,所以继续劝说。老人笑而不语。老婆婆无奈,只好撇下他,上山避难去了。

半夜时分,"年"闯进村,发现村里

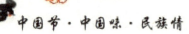

气氛与往年不同：村东头老婆婆家的门上贴着大红纸，屋内烛火通明。"年"浑身一抖，怪叫了一声。于是，它朝老婆婆家怒视片刻，随即狂叫着扑了过去。快到门口时，院内突然传来"噼里啪啦"的炸响声，"年"浑身战栗，再不敢往前走了。原来，"年"最怕红色、火光和炸响。这时，老婆婆的家门打开了，只见院内一位身披红袍的老人在哈哈大笑。"年"大惊失色，狼狈逃窜了。

第二天是正月初一，避难回来的人们见村里安然无事，十分惊讶。这时，老婆婆才恍然大悟，赶忙向乡亲们述说了乞讨老人的许诺。乡亲们一齐拥向老婆婆家，只见老婆婆家门上贴着红纸，院里一堆未燃尽的竹子仍在"啪啪"作响，屋内几根红蜡烛还发着余光……欣喜若狂的乡亲们为庆贺吉祥的来临，纷纷换新衣、戴新帽，到亲友家道喜问好。

这件事很快在周围村里传开了，人们都知道了驱赶"年"的办法。从此每年除夕，家家贴红对联、燃放爆竹，户户烛火通明、守更待岁。初一一大早，人们还要走亲串友道喜问好。这风俗越传越广，春节也成了中国民间最隆重的传统节日。

版本二：小鬼当家

相传远古时候，有一种凶恶的怪兽，身子庞大，头上长着像牛角一般的触角，圆滚滚的眼睛活似两盏灯笼，一张血盆大嘴，一口可以吞食一个人。这种怪兽的名字叫作"年"。

"年"住在山洞里，是山中霸王，在山上捕食动物。老虎、狮子、黑熊一看到它便吓得逃命，山羊、猴子、野兔听到它的吼叫便瘫倒在地。每当严寒将尽、新春快来的时候，"年"便跑下山去，进村吃人。因此，人类也非常害怕它，小孩子哭了，只要妈妈说一声"年来了"，孩子就吓得不敢出声了。

那时候，有两个牧童，一个叫阿山，一个叫阿水，胆子都很大，常常赶着牛群上山吃草。乡亲们对他俩说："孩子，山上有'年'，去不得呀！""不怕！"两个孩子说，"我们背上弓和箭，'年'要是来了，就射死它！"

转眼到了腊月三十日，黄昏时，阿山和阿水赶着牛群回家。突然，牛儿们惊慌得"哞哞"叫，挤成一团。这是咋回事呢？

"不好，快走！"阿山和阿水意识到是"年"来了，于是挥起牛鞭，"啪啪"抽打了几下，赶着牛群往前走。忽然听到一声怪叫，一只怪物吓得朝村前路上跑去。

阿山道："阿水，你看，是'年'跑了！"

"真怪，'年'是凶兽，怎么看到我们反而害怕得逃走了？"阿水觉得挺奇怪，"我们追过去看看。"

两个小牧童真够大胆，他俩不断地挥动牛鞭催牛快走。牛鞭在地上发出"噼里啪啦"的响声，"年"逃窜得更快了。"原来'年'害怕牛鞭声！"阿水恍然大悟。

阿山和阿水赶着牛群进村,远远看到"年"窜到吴公公家门口了。吴公公家门前晒了一件大红衣裳,"年"吓得扭转头,朝村后头跑去。

那边也有一个村子。此时,夜幕降临了,"年"一见家家户户的窗口闪着灯光,顿觉头昏眼花,又扭转头跑了。这时,阿山和阿水已经把牛群赶进棚里,又追过去。他俩故意把鞭子甩得"啪啪"响,"年"惊恐地怪叫着跑上山了。

阿山和阿水把这一切看得清清楚楚。回到村里,他们对乡亲们说:"原来'年'怕响、怕红、怕火。咱们知道它的弱点了,往后就可以抵御它了。"

乡亲们听了,很快就想出一个好办法。大家在村前燃起篝火,阿山和阿水投入一根根竹子,火堆里发出"噼里啪啦"的爆裂声。几只"年"跑下山,看到篝火,听到响声,果然又往回跑了。就这样,一夜过去了,乡亲们平安无事。第二天正月初一,乡亲们拿出美食共享,互相道贺。

从此,人们便把正月初一叫作"过年"。每当到了这一天,家家户户贴红春联,燃放鞭炮,点红蜡烛,穿红衣服,以"红"为吉利的象征。据说这些风俗都是当年抵御"年"的办法逐渐演化过来的。

二、春节风俗

春节风俗实际上是一种抹不去的民俗文化,它象征着家人团聚的温馨以及辞旧迎新的快乐和期盼。

(一)贴春联

春联亦名"门对""桃符"等,是对联的一种,因在春节时张贴而得名。它以工整、对偶、简洁、精巧的文字描绘时代背景,抒发美好愿望。每逢春节,家家户户都要精选大红的春联贴于门上,为节日增加喜庆气氛。春联的种类比较多,依其使用场所,可分为门心、框对、横批、春条、斗方等。"门心"贴于门板上端中心部位;"框对"贴于左右两个门框上;"横批"贴于门楣的横木上;"春条"根据不同的内容,贴于相应的地方;"斗斤"也叫"门叶",多贴在家具、影壁中。除此之外,家家户户都爱在门上倒贴一个"福"字,表示"福到"。

(二)守岁

中国民间在除夕有守岁的习惯,俗名"熬年"。除夕守岁是最重要的年俗活动之一,守岁之俗由来已久。古时守岁有两种含义:年长者守岁为"辞旧岁",有珍惜光阴的意思;年轻人守岁则是希望延长父母寿命。

(三)开门炮仗

春节早晨先放爆竹,叫作"开门炮仗"。爆竹声后碎红满地,称为"满堂红"。这时满街瑞气、喜气洋洋。

(四)拜年

春节里的一项重要活动是到亲朋好友家祝贺新春,俗称拜年。拜年是中国民间的传统习俗,是人们互相表达新年美好祝愿的一种方式。古时有拜年和贺年之分。拜年是向长辈叩岁,贺年是平辈相互道贺。现如今,在一些机关、企业、学校等,大家会聚在一起相互祝贺,称为"团拜"。除了传统的拜年方式外,近些年还兴起了电话拜年、短信拜年、网络拜年等形式。

(五)压岁钱

压岁钱在民俗文化中寓意辟邪驱鬼、保佑平安。压岁钱是由长辈发给晚辈的。吃完年夜饭后,家人围坐在桌旁。长辈将压岁钱发给晚辈,并祝福晚辈在新的一年里学习进步、健康平安等。有的父母会在除夕夜晚待子女睡熟后,将压岁钱放在子女的枕头下"压岁",体现出长辈对晚辈的关爱。

(六)聚财

俗传正月初一为扫帚生日,这一天不能动用扫帚,否则会扫走运气、破财,把"扫帚星"引来,招致霉运。若非要扫地不可,须从外往里扫。这一天也不能往外泼水、倒垃圾。至今,许多地方还保存着这些习俗。

(七)灯会

灯会是中国传统的民俗文化。最初,灯会是在元宵节(正月十五)举办的。四处张灯结彩,灯火通明。元宵节夜晚,圆月当空,人们成群结伴,出门赏月、观灯、猜灯谜,热闹非凡,其乐融融。

(八)吃元宵

正月十五吃元宵是中国的传统习俗。"元宵"作为食品,在中国也由来已久。元宵最早叫"浮元子",后又称"汤圆""汤团"。元宵象征全家团团圆圆。人们用吃元宵这种方式寄托对未来美好生活的向往。

三、我国部分地区春节风俗

(一)北京

老北京人特别讲究过年,尤其讲究过年的吃法。昔日老北京曾有民谣:"小孩小孩你别馋,过了腊八就是年,腊八粥,喝几天,哩哩啦啦二十三;二十三,糖瓜粘;二十四,扫房子;二十五,炸豆腐;二十六,炖羊肉;二十七,杀公鸡;二十八,把面发;二十九,蒸馒头;三十晚上熬一宿,大年初一扭一扭……"这民谣中列举的腊八粥、炸豆腐、炖羊肉等都是春节期间老北京的美食。昔日还有除夕夜吃鱼、吃饺子的风俗。

当各式荤素大菜备齐时,北京人还要备糖果、干果、瓜子和"杂拌儿"。"杂拌儿"就是现在的什锦果脯。这些小食品是人们围炉闲坐、辞旧迎新时享用的美食。

(二)黑龙江省

过年吃饺子是北方人的风俗,大年三十晚上辞旧迎新一定要吃饺子。黑龙江人还要在几个饺子中包上硬币

（现在常用花生或其他果仁来代替）。谁吃到这样的饺子就预示着在新的一年里会交好运,有吉祥之意。

（三）江苏省

除夕时,苏州人会在饭内放进熟荸荠,吃时挖出来,谓之"掘元宝"。亲友来往,泡茶时要置入两只青橄榄,谓之喝"元宝茶",有"恭喜发财"之意。

南京人有春节"打神鼓"之风俗,由旗手举大旗开路,锣鼓手使劲地擂鼓助兴,气氛热烈。

南通人有在家门口或堂前插芝麻秆、冬青、柏枝的习俗,取意生活开花节节高。

春节期间,江苏地区还有许多禁忌,如:大年初一不动剪刀,免得有口舌之争;不动菜刀,以免有杀身之祸;不吃稀饭,怕出门遇雨;不扫地,怕把财运扫光;等等。

（四）山东省

在山东一些地区,大年初一民众要吃馄饨,称为"填仓"。在有些农村地区,民众煮饺子时要用芝麻秸烧火,意味新的一年像芝麻开花一样,节节高升;饭后在锅内要放上馒头,意味有"余头"。

（五）广东省

广东部分地区的民众出门拜年前都会带上一大包橘子。每走一户亲戚,就要送上橘子,无论多少,一定要是双数,然后说一些祝福的话。落座后,亲戚会以工夫茶招待,临走时,回送橘子。在粤语中,"橘"与"吉"谐音,送橘意味着送吉利。

（六）山西省

在山西部分地区,春节的第一顿饭都是吃饺子。煮饺子时,要鸣放鞭炮。为驱邪恶、求吉利,有的农村地区烧火煮饺子要用芝麻秸,意味着新的一年像芝麻开花节节高,日子越过越好。饺子要煮得多,必须有余,意在有余头。就餐时,除每人一碗外,还要多盛一两碗,意在希望人丁兴旺。

（七）湖南省

湘潭一带流存着许多过年的风俗,古老而朴素。从正月初一到十五,到处可以看到舞龙灯。龙随鼓起,翻腾跳跃,让人目不暇接。湘中一带盛行舞龙灯,还传承着"接龙""收水""挂红"等风俗,都表达了人们喜庆丰年的美好祝愿。舞龙灯给新春佳节增添了喜庆色彩,营造了欢乐祥和的气氛。

中国节·中国味·民族情

四、扬州春节风俗

（一）吃汤圆

扬州人十分看重大年初一的早餐。尽管扬州人有到茶馆吃早茶的习惯，但初一早上是例外，人们一般都不外出，要在家中和全家人一起吃一碗热气腾腾的汤圆。扬州汤圆的做法多种多样，有一种汤圆叫"四喜汤圆"，是人们在大年初一早上最喜爱吃的。这种汤圆用四种馅心做成，有蔬菜、豆沙、芝麻糖和肉糜。味道固然不错，但人们更看重汤圆的名称，因为这种"四喜汤圆"的取意是："事事如意""合家团圆"。与吃"四喜汤圆"类似，旧时的扬州人还有初一早上吃"吉祥如意蛋"的风俗。

（二）爬门头

除夕夜，吃过晚饭后，老扬州要点上香炉、蜡烛守岁，大人小孩穿上新衣服，长辈们开始给晚辈发压岁钱。这时候，大人会关上大门，让家中个子小的孩子抓着门后的门闩往上爬。旧时的大门是木制的，门后面从上到下有几根横木，中间还有门闩开关。这一风俗就是爬门头。老年人说除夕之夜爬门头能长个头，爬得快就长得快，爬得高就长得高。在孩子多的人家，孩子们还展开比赛，既锻炼了身体，又增加了节日的喜庆气氛。

（三）走大局

除夕晚上，长辈们都要把云片糕、苹果、橘子等摆在家中每个人的床头，供新年第一天早上起床吃。云片糕寓意"高高爽爽"，苹果寓意"平平安安"。吃云片糕和苹果的风俗全国许多地方都有，但吃橘子在扬州有着独特的寓意。在扬州话里，运气叫作"局气"，走运叫作"走局"，橘子的"橘"和局气的"局"谐音，所以赠人橘子就有把好运带给他人的美好寓意，新年请人吃橘子就是祝福对方走大运、诸事顺利。

（四）要糖

大年初一早上，扬州民间有大人小孩出门到周围邻居家里给长辈拜年的风俗。这时候最忙的是小孩，他们成群结队挨家挨户去"要糖"，也就是挨家挨户去给长辈拜年。长辈们在一片"恭喜发财"的祝福声中捧出事先准备好的果盒，给前来拜年的小孩散发各色糖果、云片糕、橘子、苹果等，也顺祝孩子们"学业有成"等。"要糖"这一风俗传承的是中华民族尊老爱幼的优良传统。

（五）隔年陈

大年初一早上，扬州人会吃汤圆

和面条,汤圆寓意团圆,面条寓意长久。到了中午,扬州人会把除夕晚上的剩饭剩菜端出来热一热再吃,这叫作"隔年陈"。按老年人的说法,这种风俗寓意着年年粮食有余。

(六)扫地聚财

大年初一民间通常不扫地,到了正月初二才可以扫地。而在正月初二扫地也有讲究:扫帚要从大门口往屋里扫,先将灰尘垃圾堆在一处,然后再清扫出去,而不是像往常一样把灰尘垃圾朝门外扫。这样做的寓意是把大年初一聚集起来的财气往家里扫。

(七)挑财神水

正月初五这一天,民间传说是财神爷生日。这一天天没亮,扬州民间有一个风俗:一家的男主人要起大早去附近的河边或井里挑水,这水叫作"财神水",传说谁抢到第一名谁就能在新年发大财。

(八)上灯圆子落灯面

扬州一带有"上灯圆子落灯面"一说。在扬州,正月十三是上灯日,在上灯日要吃汤圆;正月十八是落灯日,在落灯要吃面条。为什么有这一食俗呢?民众的解释是:吃汤圆象征"圆圆满满",吃面条象征"顺顺畅畅"。

吃汤圆也好,吃面条也罢,都表达了扬州人对美好生活的向往。能从简单的食品形象上寻找出吉庆和祥瑞的含义,这也是扬州人的独到之处。

(九)年节酒

正月里扬州人还有"请春卮"和"做财神会"的风俗。卮是古代的一种盛酒器。"请春卮"的意思就是新春时节请客聚宴。在古时扬州,绅士宴客常被称作"请春卮",铺家宴客常被称作"做财神会"。现今,人们不会分得这么细,把"请春卮"和"做财神会"统统叫作"请年节酒"。

"请年节酒"是新春时节的一种礼仪,同时也是民众实际生活的需要。其含义有三:一是过年期间请客,正值岁首佳期,对客人是一种特殊的尊重。二是春节期间家中备有较多的菜肴,此时请客也倍加丰盛。三是扬州自古就是商业发达的城市,扬州人与外地人交往频繁,乡亲们平时难得见面,"请年节酒"是便于大家聚会。

(十)年蒸和年菜

扬州人家在春节到来之前要做的事情很多,但都冠以"年"字。扬州的各种"年事"里,最重要的是"年蒸"。"年蒸"是蒸点心,在春节前蒸好,存放在家中,预备节日期间享用。扬州"年蒸"的点心以包子为主。有的人家把"年蒸"好的包子、馒头和糕点稍稍晾干,便整整齐齐地像垒金字塔一样,放置在家中醒目的地方,而且一定要等到过年时才吃。这叫"堆元宝",象征着新岁新春招财进宝。

扬州人家的年菜中有几样素菜是必不可少的。其一是豌豆苗。豌豆在

扬州又叫安豆,炒上一盘安豆苗,取意"平平安安"。其二是水芹,水芹的茎是管状的,吃水芹寓意着新年能"路路通"。其三是豆腐,有了豆腐,来年能够"陡富"。

年菜里也有不是表达虚拟愿望的。有的菜别具实用意义和地方特色,这就是"十香菜"和"安乐菜"。

"十香菜"以咸菜为主,杂以胡萝卜丝、笋丝、豆干丝、花生、黄豆等,是一种简便易制的家常小菜。新年里,人们通常吃得比较油腻,吃这种杂炒的素菜便倍感清香可口,故名"十香菜"。

"安乐菜"的原料是马齿菜,又叫马齿苋。马齿菜是一年生草本植物,能以全草入药。扬州人用马齿菜包的包子,既是风味食品,又能确保家人安康,倒是名副其实的"安乐菜"。

春节诗文赏析

守 岁
【唐】李世民

暮景斜芳殿[1],年华丽[2]绮宫。
寒辞去冬雪,暖带入春风。
阶馥[3]舒梅素,盘花[4]卷烛红。
共欢新故岁,迎送一宵中。

注释

1. 芳殿:华丽的宫殿。下句"绮宫"亦同。
2. 丽:使动用法,使……美丽。
3. 馥(fù):香气。
4. 盘花:此处指供品。

译文

夕阳斜照着华丽的宫殿,年华把宫殿装扮得格外美丽。寒冷的冬天即将过去,冬雪消融,暖洋洋的宫闱里似乎吹进了和煦的春风。梅花绽开,飘来阵阵香气。宫内摆放了丰盛的供品,红烛高照,光辉灿烂。君臣欢宴饮酒,喜度良宵,迎新年,辞旧岁,通宵歌舞。

赏析

这首诗选用"辞""去""带""入""舒""卷"等一系列动词,娓娓道来,贴切自然,清新可读。

第一、二句"暮景斜芳殿,年华丽绮宫"点明皇上于宫苑逢除夕,暗示题旨,给人以富丽堂皇之感。

第三、四句"寒辞去冬雪,暖带入春风"指出除夕是冬春交替之际——冰雪消融,寒冷的隆冬过去了;暖气回升,和煦的春天来到了。在这里,诗人从时令的转换角度给人以温馨的快意,酿造了一种暖洋洋、乐融融的节日气氛。

第五、六句"阶馥舒梅素,盘花卷烛红"叙写梅花绽开,阵阵飘香,进一步渲染了春意,突出宫中守岁的景象:宫廷内外红烛高照,光辉灿烂,摆上供品,守岁辞旧,显得热闹而庄重。

最后两句"共欢新故岁,迎送一宵中"紧扣"守岁",概述举国欢庆、共度良宵,辞旧迎新的普遍现象,从而渲染了浓郁的守岁气氛。

除夜[1]作
【唐】高 适

旅馆寒灯独不眠,客心[2]何事转凄然[3]?
故乡今夜思千里,霜鬓[4]明朝[5]又一年。

注释

1. 除夜:除夕之夜。
2. 客心:自己的心事。
3. 转凄然:变得凄凉悲伤。转,变得。
4. 霜鬓:白色的鬓发。
5. 明朝(zhāo):明天。

译文

我独自在旅馆里躺着,寒冷的灯光照着我,久久难以入眠。是什么事情,让我这个游客的心里变得凄凉悲伤?故乡的人今夜一定在思念远在千里之外的我。我的鬓发已经变得斑白,明天早上又到了新的一年。

赏析

除夕之夜,传统的习惯是一家欢聚。诗题"除夜作",本应唤起人们对

这个传统佳节的很多欢乐的回忆和想象,然而这首诗中的除夕之夜是另一种情景。

诗的开头就是"旅馆"二字,看似平平,却不可忽视,全诗的感情就是由此而生发开来的。这是除夕之夜,诗人看着外面家家户户灯火通明,欢聚一堂,而自己却远离家人,身居客舍,两相对照,不禁触景生情,连眼前那盏同样有着光和热的灯也变得"寒"气袭人了。"寒灯"二字,渲染了旅馆的清冷和诗人内心的凄寂。第二句"客心何事转凄然",这是一个转承的句子,用提问的形式将思想感情更明朗化,从而逼出下文。究竟是什么使得诗人"转凄然"呢?当然还是"除夜"。晚上那一片浓厚的除夕气氛,把自己包围在寒灯只影的客舍之中,那孤寂凄然之感便油然而生了。

第三、四句似乎感到诗人要倾吐他此刻的心绪了,可是诗人撇开自己,从对面写来。"故乡今夜思千里",意思是故乡的亲人在这个除夕之夜定是想念着千里之外的我。"霜鬓明朝又一年",今夜是除夕,所以明朝就到新的一年了,由旧的一年"思"到新的一年,这漫漫无边的思念之苦又将使霜

101

鬓增添新的白发。诗人巧妙地运用"对写法",把深挚的情感抒发得更为婉转含蕴。

守 岁
【宋】苏 轼

欲知垂尽¹岁,有似赴壑²蛇。
修鳞³半已没,去意谁能遮。
况欲系其尾,虽勤知奈何。
儿童强⁴不睡,相守夜欢哗。
晨鸡且勿唱,更鼓畏添挝。
坐久灯烬落,起看北斗斜⁵。
明年岂无年,心事恐蹉跎。
努力尽今夕,少年犹可夸。

注释

1. 垂尽:快要结束。
2. 壑(hè):山谷。
3. 修鳞:指长蛇的身躯。
4. 强(qiǎng):勉强。
5. 北斗斜:谓时已夜半。

译文

要知道快要辞别的年岁,犹如窜向山谷的长蛇。长长的身躯一半已经不见,离去的心意谁能够拦遮!何况想系住它的尾端,虽然勤勉却知是无可奈何。儿童强忍着不睡觉,相守在夜间笑语喧哗。晨鸡啊请你不要啼叫,一声声更鼓声催促也叫人惧怕。长久夜坐,灯花点点坠落,起身看北斗星已经横斜。明年难道没有年节了?怕的是虚度了光阴。努力爱惜这一个夜晚,趁着年轻还可以有所作为。

赏析

《守岁》可分为三个层次。

第一个层次为前六句:"欲知垂尽岁……虽勤知奈何。"这里用生动的比喻说明守岁无用,从反面入题。这六句的前四句写岁已将逝,后两句写虽欲尽力挽回,但徒劳无用。以这六句开头,好像说这个风俗无道理。要写守岁,先写守不住,不必守,这是欲擒故纵的手法。

中间六句是第二个层次:"儿童强不睡……起看北斗斜。"这个层次写守岁的情景。一个"强"字写出儿童过除夕的特点:明明想打瞌睡,却还要勉强欢闹。"晨鸡且勿唱,更鼓畏添挝"二句将守岁时的心理状态写得细腻入微。"坐久灯烬落,起看北斗斜"二句将守岁时的情景写得很逼真,这两句主要是针对大人们守岁所说的。

最后四句是第三个层次。这个层次与开头第一个层次的欲擒故纵相对照,表明守岁有理,应该爱惜将逝的时光,正面交代应该守岁到除夕尽头。结尾两句化用白居易"犹有夸张少年处",意在勉励自己要惜时如金,自始至终抓紧时间做事,不要让志向抱负付诸东流。

除 夜¹
【宋】文天祥

乾坤²空落落³,岁月⁴去堂堂⁵。
末路⁶惊风雨⁷,穷边⁸饱雪霜⁹。
命随年欲尽,身与世俱忘。

无复屠苏梦[10],挑灯夜未央[11]。

注释

1. 除夜：指至元十八年除夕。
2. 乾坤：指天地,即空间。
3. 空落落：空洞无物。
4. 岁月：时间。
5. 堂堂：跨步行走的样子。
6. 末路：指自己被俘囚,不望生还,走上了生命的最后一段路。
7. 惊风雨：指有感于当年战斗生活的疾风暴雨。
8. 穷边：极远的边地。就南宋的辖区而言,穷边指燕京。
9. 雪霜：指囚居生活的风霜苦辛。
10. 屠苏梦：旧历新年,民间有合家喝屠苏酒的习惯。
11. 夜未央：夜已深而未尽。

译文

山河虽然广大,但时间已流逝。自己不幸被俘,被押送至燕京(今北京)过着囚徒生活。战斗则几经风雨,囚居则饱受霜雪。生命将随着一年的终结而消失,但自己决心殉国,对世上一切都不再留恋。除夕一人独守囚牢,只有孤灯相伴,连饮屠苏酒的梦也不再做了。

赏析

此诗作于至元十八年,是文天祥平生度过的最后一个除夕夜。这首诗没有"天地有正气"的豪迈,没有"留取丹心照汗青"的慷慨,只表现出大英雄欲与家人共聚一堂欢饮屠苏酒过除夕的愿望,字里行间透露出一丝寂寞、悲怆的情绪。

新 年 作
【唐】刘长卿

乡心新岁切,天畔[1]独潸然。
老至居人下[2],春归在客先[3]。
岭[4]猿同旦暮,江柳共风烟。
已似长沙傅[5],从今又几年。

注释

1. 天畔：天边,指潘州南巴,即今广东茂名。
2. 居人下：指官职处于别人之下。
3. 春归在客先：春已归去而自己尚未回去。
4. 岭：指五岭。作者时贬潘州南巴,过此岭。
5. 长沙傅：指贾谊。贾谊曾受谗被贬为长沙王太傅,这里借以自喻。

译文

新年来临,思乡之心更切,独自在潘州南巴不禁热泪横流。

103

到了老年被贬居于人下,春天已归去,而我还未回乡。

山中猿猴和我同度昏晓,江边杨柳与我共分忧愁。

我已和长沙傅一样,这样的日子须到何时才休?

赏析

诗人首联点题,交代时间、地点。独处异乡,又逢新年,思乡情切的诗人怎能不黯然神伤、老泪纵横呢?开篇的"切"和"独"奠定了全诗孤苦悲凄的情感基调。

颔联承上抒发感情:"老""居人下"是诗人自况;一个"至"字,满含年老失时的辛酸和仕途失意的悲愤。"客"指诗人自己。年老失意,春归已留,正是诗人"潸然"的原因。

颈联描写身处的环境。"同""共"二字写尽了诗人孤独无告、迷惘无依的凄苦情状:谪居异乡,只能同猿猴为伍,只能与杨柳结伴,纵有万般心事,又与谁人说?

尾联用典自喻,诗人以贾谊自比,大有"同是天涯沦落人"之感,表达了对自身遭遇的愤慨。"从今又几年"表达了诗人对摆脱不幸、早归故里的殷切期盼,与首联的"切"呼应。

全诗并不像一般作品那样仅是表达新年怀乡的愁绪,而是融入了仕宦贬谪的悲愤。虽抒情多于写景,但情景交融,情致悱恻。

元 日

【宋】王安石

爆竹声中一岁除[1],春风送暖入屠苏。千门万户[2]曈曈日[3],总把新桃[4]换旧符。

注释

1. 一岁除:一年已尽。除,逝去。
2. 千门万户:形容门户众多,人口稠密。
3. 曈曈日:日出时光亮而温暖的样子。
4. 桃:桃符。古代农历正月初一时人们在桃木板上写上神荼、郁垒两位神灵的名字,再把桃木板悬挂在门旁,用来压邪。这种桃木板就叫桃符,也叫春联。

译文

在阵阵轰鸣的爆竹声中,旧的一年已经过去;和暖的春风吹来了新年,人们欢乐地畅饮着新酿的屠苏酒。初升的太阳照耀着千家万户,他们都忙着把旧的桃符取下,换上新的桃符。

赏析

这首诗烘托了春节欢快热闹、万象更新的气氛。在这一天,人们都兴高采烈地迎接新春,希望新的一年大家吉祥幸福。人们放爆竹、饮屠苏酒、更换桃符,这既是民间的习俗,又有除旧布新的意思。

正月十五夜灯

【唐】张　祜

千门开锁万灯明,正月中旬动[1]帝京。
三百内人[2]连袖舞,一时天上著词声。

注释

1. 动:震动。形容热闹。
2. 内人:宫女。
3. 著:同"着",此处意为"有"。

译文

唐宫中的很多门都打开了,宫内万灯齐明。正月十五的京城热闹非凡。众多宫女挥舞着衣袖翩翩起舞,一时歌舞乐器之声直冲云霄。

赏析

本诗描写了正月十五唐宫内的热闹场景。既有鸟瞰式全景,又有特写式近景,将宫内的壮观景象表现得淋漓尽致。

正月十五夜

【唐】苏味道

火树银花[1]合,星桥[2]铁锁开[3]。
暗尘[4]随马去,明月逐人来[5]。
游伎[6]皆秾李[7],行歌尽落梅[8]。
金吾[9]不禁夜[10],玉漏[11]莫相催。

注释

1. 火树银花:比喻灿烂绚丽的灯光和焰火。特指上元节的灯景。
2. 星桥:星津桥,天津三桥之一。
3. 铁锁开:唐朝都城都有宵禁,但在正月十五这天取消宵禁,连接洛水南岸的里坊区与洛北禁苑的天津桥、星津桥、黄道桥上的铁锁打开,任平民百姓通行。
4. 暗尘:暗中飞扬的尘土。
5. 逐人来:追随人流而来。
6. 游伎:歌女、舞女。
7. 秾李:此处指观灯歌伎打扮得艳若桃李。
8. 落梅:曲调名,指《梅花落》。
9. 金吾:原指仪仗队或武器,此处指金吾卫,掌管京城戒备、禁人夜行的卫队。
10. 不禁夜:指取消宵禁。
11. 玉漏:古代用玉做的计时器皿,即滴漏。

译文

正月十五之夜,到处灯火灿烂。星津桥的铁锁被打开了。马蹄踏过之处,尘土飞扬。明月当空,百姓们纷纷来到此处观灯。歌女花枝招展,边走边唱《梅花落》。金吾卫特许通宵欢庆,计时器不要紧催天亮。

赏析

此诗是苏味道的代表作,也是历代咏元宵节最好的作品之一,它对后代诗歌创作有较大影响。

第一句写灯,把灯比作"火树"和"银花",表现出灯火辉煌的景象。第二句写观灯的环境。第三、四句总写观灯盛况。第五、六句细写歌女们艳丽华美、边走边唱,把观灯之乐推向高潮。最后两句有力地烘托出太平盛世、歌舞升平的繁荣景象,让人感到兴犹未尽,产生出强烈的艺术效果。此诗对仗工稳,前后照应,结构紧密,可称得上初唐五律的典范。

永遇乐·落日熔金
【宋】李清照

落日熔金¹,暮云合璧²,人在何处?染柳烟浓,吹梅笛怨³,春意知几许?元宵佳节,融和天气,次第⁴岂无风雨?来相召,香车宝马⁵,谢他酒朋诗侣。

中州⁶盛日,闺门多暇,记得偏重三五⁷。铺翠冠儿⁸,捻金雪柳⁹,簇带¹⁰争济楚¹¹。如今憔悴,风鬟¹²霜鬓,怕见夜间出去。不如向,帘儿底下,听人笑语。

注释

1. 落日熔(róng)金:落日的颜色好像熔化的黄金。镕同"熔"。
2. 合璧:像璧玉一样合成一块。
3. 吹梅笛怨:梅,指乐曲《梅花落》,用笛子吹奏此曲,其声哀怨。
4. 次第:这里是转眼的意思。
5. 香车宝马:这里指贵族妇女所乘坐的、雕镂精致、装饰华美的车驾。
6. 中州:即中土、中原。这里指北宋的都城汴京,今河南开封。
7. 三五:十五日。此处指元宵节。
8. 铺翠冠儿:饰有翠羽的女式帽子。
9. 雪柳:元宵节女子头上的装饰。
10. 簇带:簇,聚集之意。带,即戴。
11. 济楚:美好、端整、漂亮。
12. 风鬟:指女子的头发。

译文

落日金光灿灿,像熔化的金水一般。暮云就像碧玉一样。可我如今又身在何处呢?新生的柳叶被绿烟点染,《梅花落》的笛曲中传出声声幽怨,春意究竟有多少呢?元宵佳节融和的天气,难道转眼就不会有风雨出现吗?那些酒朋诗友驾着华丽的车马前来召唤,我只能婉言谢绝。

记得汴京繁盛的岁月,闺中有许多闲暇,特别看重这正月十五。帽子上镶嵌着翡翠宝珠,头上戴着金线捻成的雪柳,个个打扮得俊丽整齐。如今容颜憔悴,头发花白凌乱,怕在夜间出去。不如从帘儿的底下听一听别人的欢声笑语。

赏析

"落日熔金,暮云合璧"着力描绘了元夕绚丽的暮景。紧接着一句"人在何处",是一声充满迷惘与痛苦的长叹。这是一个饱经丧乱的人产生的一时的感情活动,看似突兀,实则含蕴丰富,耐人咀嚼。"染柳烟浓,吹梅笛怨,春意知几许"三句又转笔写初春之景。而词人不直说梅花已谢,而说"吹梅笛怨",借以抒写自己怀念旧都的哀思。

"元宵佳节,融和天气,次第岂无风雨"深刻地反映了词人多年来颠沛流离的境遇和因深重的国难家仇所形成的特殊心境。词人的晚景虽然凄凉,但由于她的才名家世,临安城中还是有一些贵家妇女乘着香车宝马邀她去参加元宵的诗酒盛会。只因心绪落寞,她都婉言推辞了。"来相召,香车宝马,谢他酒朋诗侣"这几句看似平淡,却恰好透露出词人饱经忧患后近乎漠然的心理状态。

"中州盛日,闺门多暇,记得偏重三五"由上片的写今转为忆昔。"铺翠冠儿,捻金雪柳,簇带争济楚"这几句集中写当年的着意穿戴打扮,既切合青春少女的特点,充分体现那时候无忧无虑的游赏兴致,同时又从侧面反映了汴京的繁华热闹。以上六句忆昔,语调轻松欢快,多用当时俗语,宛如少女心声。

但是,昔日的繁华欢乐早已成为不可追寻的幻梦。"如今憔悴,风鬟霜鬓,怕见夜间出去。"历尽国破家倾、夫亡亲逝之痛,词人不但由簇带济楚的少女变为面容憔悴、蓬头霜鬓的老妇,而且心也老了,害怕在夜间出去。

"不如向,帘儿底下,听人笑语"却又横生波澜。词人一方面担心面对元宵胜景会触动今昔盛衰之慨,另一方面又怀念着往昔的元宵盛况。这种矛盾心理,看似透露出她对生活还有所向往,却蕴含着无限的孤寂悲凉。

青玉案·元夕
【宋】辛弃疾

东风夜放花千树[1],更吹落,星如雨[2]。宝马雕车[3]香满路。凤箫[4]声动,玉壶[5]光转,一夜鱼龙舞[6]。

蛾儿雪柳黄金缕[7],笑语盈盈[8]暗香[9]去。众里寻他[10]千百度。蓦然[12]回首,那人却在,灯火阑珊[13]处。

注释

1. 花千树:花灯之多如千树开花。
2. 星如雨:指焰火纷纷,乱落如雨。星,指焰火。
3. 宝马雕车:豪华的马车。
4. 凤箫:箫的名称。
5. 玉壶:比喻明月。
6. 鱼龙舞:指舞动鱼形、龙形的彩灯。
7. 蛾儿雪柳黄金缕:蛾儿、雪柳、黄金缕皆为在元宵节时古代妇女头上佩戴的各种装饰品。这里指盛装的妇女。
8. 盈盈:形容仪态优美。
9. 暗香:本指花香,此指妇女们身上散发出来的香气。
10. 他:泛指,包括"她"。
11. 千百度:千百遍。
12. 蓦然:突然,猛然。
13. 阑珊:零落稀疏的样子。

译文

夜晚的东风将元宵的灯火吹得如千树花开,更让烟火看起来像是被吹

落的万点流星。华丽的马车驶过,香气洋溢在行驶的路上。凤箫吹奏的乐曲之声在四处回荡。月亮发出明亮的光芒,光华流转。整个晚上,此起彼伏的鱼龙花灯在飞舞着。美人的头上都戴着亮丽的饰物,身上穿着多彩的衣物。她们谈笑风生,带着淡淡的香气优美地从面前经过。我千百次寻找她都没找到,不经意间一回头,却看见她站在灯火零落之处。

赏析

此词极力渲染元宵节观灯的盛况。先写灯火辉煌、歌舞欢腾的热闹场面。接着写游人车马彻夜游赏的欢乐景象。而词人对欢乐场景的描绘却在此刻突然中止。结尾四句,词人借"那人"的孤高淡泊,表明自己不肯同流合污的高洁品格。全词构思新颖,语言工巧,曲折含蓄,余味不尽。

生查子·元夕

【宋】欧阳修

去年元夜[1]时,花市[2]灯如昼[3]。月上柳梢头,人约黄昏后。

今年元夜时,月与灯依旧。不见去年人,泪湿春衫[4]袖。

注释

1. 元夜:元宵之夜。
2. 花市:每年春时举行的卖花、赏花的集市。
3. 灯如昼:灯火通明,像白天一样。
4. 春衫:年少时穿的衣服,也指代年轻时的自己。

译文

去年元宵之夜,花市灯火通明,像白天一样。月儿爬上了柳树梢头,她约我黄昏以后同叙衷肠。

今年元宵之夜,月儿与灯火同去年一样。看不到去年的情人,泪珠儿不觉湿透衣裳。

赏析

上片追忆去年元宵之夜的欢乐场景。"花市灯如昼",极写元宵节灯火辉煌。"月上柳梢头"二句再现那令人沉醉的情景。"黄昏后"交代了主人公与其情人相会的时间。值得称道的是,作者没有正面涉笔他们相会前的心驰神往和见面后的欢声笑语,而是仅用一句"人约黄昏后"提示,意味深长。

下片抒写今年元宵之夜重临故地却不见伊人的感伤。"月与灯依旧"说明景物与去年一样。"不见去年人,泪湿春衫袖"二句表现出主人公的情绪一落千丈。去年对诉衷肠,今年孤身支影,主人公怎能不"泪湿春衫袖"。全词语短情长,形象生动,构思巧妙,意味深长。

春节文化活动——舌尖上的春节

春节作为一年中最为重要的一个节日，具有特殊的意义。春节期间，民间有一些固定的风俗，其中就包括饮食风俗。

1. 腊八粥

腊八节这一天，中国民间有喝腊八粥的风俗。腊，在远古时代本是一种祭礼的名称，夏朝称"清祀"，殷商称"嘉平"，周朝时改称"腊"。"腊"是从"猎"字演变而来的，故"腊""猎"相通。因为一岁之终，农作物已收晒完毕，农闲了，人们便到野外猎取禽兽，用来祭祖先、敬百神，以祈福求寿、避灾迎祥，称为"腊祭"。南北朝时，农历十二月初八才被正式固定为"腊八节"，在这一天要祭祀祖先和神灵，祈求丰收和吉祥。

据史料记载，我国喝腊八粥的历史已有一千多年。喝腊八粥的风俗最早开始于宋代，每逢腊八这一天，不论富人还是穷人，家家都要喝腊八粥。最早的腊八粥是用红小豆来煮，后经演变，加之地方特色，材料逐渐丰富起来。腊八粥又叫"七宝粥""五味粥"，不仅清香甜美，而且能畅胃气、生津液，因而颇受人们喜爱。随着时代的发展，花样越来越多的腊八粥已发展成具有地方风味的小吃。腊八，本身是个传统节日，又是年节的前奏，可以说腊八节拉开了春节的序幕。"小孩小孩你别馋，过了腊八儿就是年""吃了腊八饭，就把年来办"。腊八节后，人们便开始购置年货，打扫卫生，布置居室，以崭新的面貌迎接新年的到来。

2. 年糕

春节吃年糕，寓意万事如意年年高。年糕的种类很多：北方有白糕饦、黄米糕；江南有水磨年糕；西南有糯粑粑。

明清时期，年糕已发展成市面上一种常年供应的小食，并有南北风味

之别。北方年糕的做法有蒸、炸两种，南方年糕除蒸、炸外，尚有片炒、汤煮诸法。

3. 饺子

北方年夜饭有吃饺子的传统，但各地吃饺子的风俗亦不相同，有的地方在除夕之夜吃饺子，有的地方在正月初一吃饺子，北方一些山区还有正月初一到初五每天早上吃饺子的风俗。吃饺子是人们表达祈福求吉愿望的特有方式。

明代时，元宵在北京已很常见，做法也与今天无异。清代康熙年间朝野盛行"八宝元宵""马思远元宵"。民国时期还有袁世凯因元宵与"袁消"音同，故下令禁喊"元宵"之事。

元宵用面除江米面外，还有黏高粱面、黄米面等。馅则有桂花白糖、山楂白糖、什锦、豆沙、枣泥等。形制上，或大若核桃，或小如黄豆。

按照我国古代计时法，晚上11时到第二天凌晨1时为子时。"交子"即新年与旧年相交的时刻。饺子就意味着更岁交子，过春节吃饺子被认为是大吉大利。另外饺子的形状像元宝，包饺子意味着包住福运，吃饺子象征生活富裕。

4. 元宵

元宵在南方又被叫作"汤圆"。民间有元宵节吃元宵的风俗，寓意团团圆圆。我国一些地方也有正月初一吃元宵的风俗。

5. 春饼

立春吃春饼是中国一种古老风俗。晋代已有"五芋盘"即"春盘"，是将春饼与菜同置一盘之内。唐宋时立春吃春饼之风渐盛。皇帝也会以春饼赐近臣百官。当时的春盘极为讲究："翠缕红丝，金鸡玉燕，备极精巧，每盘直万钱"。民间也用春饼互相馈赠。

春饼发展到今天，形制随地而异，食用时间也因地而别。有烙制，也有

蒸制；或大如团扇，或小如荷甲。

6. 屠苏酒、椒柏酒

屠苏酒，是古人的新年专用酒。这是一种药酒，流传的配方虽有所不同，不过大体都有蜀椒、白术、桂心、桔梗、乌头等祛风散寒的药物成分。每年的最后一天，把这些药料细切后，用纱囊裹好，沉入井中。第二天是新年，把药囊拽出，将药料放入酒中反复煮沸即成屠苏酒。

饮屠苏酒有特殊的次序：从家中最小的成员开始，每人喝一点，到最年长的成员结束。所以，这一杯酒往往引起人们对时光流逝、年华老去的感慨。

椒和柏也是古人新年酒杯中的"爱宠"。椒是指花椒。在古人看来，花椒具有温暖的香气，是名贵的香料。花椒结子繁多，常被用来祈祷家族的子孙昌盛，所以古人新年时，常端上一盘花椒（称为"椒盘"），喝酒的时候把花椒投入酒中。同样常被用来泡酒的还有柏叶。柏叶因为含有挥发油，也被视为香料。柏树生命力旺盛，万古长青，一杯柏叶酒寄托着人们对健康长寿的期盼。

7. 扬州十香菜

腊月二十三，是扬州人准备过年必备的一道菜——十香菜的时间。因为它不仅味道鲜美、营养丰富，而且便于保存。十香菜由十种素菜组成，一般包括咸菜、瓜姜、黄豆芽、金针、木耳、香菇、花生米、胡萝卜、冬笋、百叶等，可自由搭配，有"十全十美""事事如意"的吉祥含意。有的十香菜里还放豌豆苗、水芹，寓意平平安安与路路通。

春节综合实践活动设计方案

一、活动名称

活动名称为"欢乐春节，留住年味"。

二、时间范围

春节是介于秋学期末与春学期初之间的传统佳节，所以春节的综合实践活动可以安排在寒假期间,然后在春学期开学初进行汇报总结。

三、目的意义

1. 让学生体验、感受、熟悉我国的传统节日——春节,让学生亲身体验到中华民族文化的魅力所在。

2. 培养学生的上网搜集信息、整理资料、调查访问等综合能力。

3. 培养学生的创新精神、探究意识和协作精神。

四、团队分工

1. 讨论策划组:制订方案,组织活动。

2. 搜集材料组:主要通过书籍阅读和网络搜索的办法,搜集和春节文化相关的资料,为征文、演讲、诗会等语文综合实践活动做准备。

3. 后勤组:布置会场,准备音响等。

五、活动流程

(一) 找一找、拍一拍

1. 学生通过各种形式的调查研究,从春节的由来、春节的习俗、春节的诗歌三个方面了解春节的来历、演变过程以及相关习俗,搜集相关的文字、图片资料,最后制作成手抄报。

2. 拿起手中的相机或者手机,以"欢乐新年,留住年味"为主题,用镜头记录这一全球炎黄子孙共同的传统佳节,留下一份值得纪念与珍藏的美好回忆。每张照片必须配有标题,标题要有文采、扣题、贴切、有特色。每个标题不超过十二个字。

(二) 诵一诵、说一说

1. 分组制作PPT,让学生交流春节的来历,讲讲关于春节的故事,朗诵一些关于春节的诗词。

2. 学生相互欣赏各自拍的照片,并用连贯的语言介绍自己拍照片的缘由、经过等。最后评选出"拍照能手"。

(三) 写一写、做一做

春节渐近,年味儿越来越浓。看着成千上万的游子不远千里,奔赴家乡与亲人团聚,你的心弦是否被扣动?看着一家人忙里忙外,你对春节的民间风俗有怎样的理解?一家人围坐在桌旁,品尝着热气腾腾的团圆饭,畅谈着新一年的梦想,那又是怎样的氛围?请以"留住年味"为主题,写一篇文章,体裁和字数不限。学生完成写作后,班主任将学生的文章择优推荐到学校的文学社。

完成一份关于春节的主题手抄报,并发到班级群里。比一比,看谁的手抄报主题更鲜明、内容更充实、形式更有趣。

六、活动评价

1. 学生评价:学生参加完本次活动后,教师指导学生实事求是地填写《实践活动册》,认真进行自评和他评。同时,教师可引导学生对自己活动的成果进行反思(可在日记中体现)。

2. 教师评价:教师评价应以激励为主,鼓励学生发挥自己的个性特长,

施展自己的才能。

附 活动成果

(一)《留住年味》主题征文

留住传统年味

再过两天就是春节了,今年的春节会与往年有所不同吗?

记得鲁迅先生《祝福》里的一段话:"旧历的年底毕竟最像年底,村镇上不必说,就在天空中也显出将到新年的气象来。灰白色的沉重的晚云中间时时发出闪光,接着一声钝响,是送灶的爆竹;近处燃放的可就更强烈了,震耳的大音还没有息,空气里已经散满了幽微的火药香。"过去,这种过年的景象,不论是江南的水乡,还是北国的城镇都普遍存在着。

而今,蛰伏在城市这片水泥森林中,越来越多的人真实地感受到,年俗渐行渐远,"年味"越来越淡:新衣成为日常消费,春联成了可贴可不贴之物,就连登门送福的传统拜年方式也逐渐被手机里一条群发的短信取代。于是,在人们的潜意识里,就有了"今年的春节,能不能与以往过得不同"的想法。

在那个远去的年代里,吃惯了粗茶淡饭的人们把生活的欢乐寄托于过年,让漫漫一年充满了无限希望和期待。渐渐远去的年味温暖而美好,那是物质清贫而精神富有的味道。如今,很多人早已对每天都会有的面包和每天都在享受的好日子失去了感觉,抑或幸福的味道就像年味那样,需要岁月的积淀、情感的酝酿和希望的播种。

其实,年味代表着一种传统文化和人情关系。春节将我们对生活的热情和对亲人的挚爱集中彰显出来。一些民间的传统风俗,如蒸糕、祭祖、守岁、吃团圆饭等,如果下一代不能传承,那么早晚有一天会真的消失。如果因为我们对传统习俗的逐年敷衍,让充满人情味的过年气氛越走越远,那么这真的是一件十分让人担忧的事。

春节是中国人的传统节日,它不应因时代的变化而淡化。过年涵盖着中华民族的悠久文化和优良品德。尽管人生之旅常有灾祸哀伤、坎坎坷坷,然而,年像一个公允慈祥的老人,把温馨和抚慰等同地赐予人间。年唤醒了生的渴望和美的希冀。

如果我们将那些逐渐远去、淡薄的"年的精神"收藏起来,在今天这个被现代气息冲淡了味儿的年节里慢慢品味,心中定会漾起一种别样的滋味。"文化代表着一个社会的智慧、一个国家的力量,承担着直面现实、维护信仰、创造理想、熔铸灵魂的重任。"因此,即使在物质和精神都极其丰富的今天,我们过春节也要坚守中国文化的先进性,既要秉承传统,又要融入现代风貌。把阳光植进年味,让今年的春节灿烂温馨;把欢乐植进年味,让今年的春节甜美隽永……

(二)春节主题手抄报　　　　(三)学生社会实践活动部分图片

江苏省扬州旅游学校
15213班　吴雪芹

"节日好,最忆是新年"
语文综合实践活动设计方案

一、活动背景

"节日好,最忆是新年。爆竹声声传喜讯,梅花朵朵兆丰年。"春节是中华民族最隆重、盛大的传统节日,也是每一个华夏儿女最期盼的日子。在中国人的眼里,"年"所承载的东西太多太多。在上千年的岁月中,人们又为"年"加上了许多有地域特色的风俗,使"年"文化变得越来越丰富。为了让我们传统的优秀文化得到进一步传承,使学生不仅爱过年,也了解"年"文化,我们开展了"节日好,最忆是新年"语文综合实践活动。

二、活动目标

1. 让学生较全面地了解与新年有关的知识,认识春节的由来、礼节及相关风俗。

2. (1) 培养学生查询、搜集、整理

资料的能力。学生以小组为单位到图书馆、校园机房等地上网查询有关资料,到超市、饰品屋、节日礼品屋等地进行参观、调查、访问。

（2）让学生学习并掌握策划书的结构和写作要求。培养学生的口头表达能力和书面表达能力,学会拟定活动策划书。

3. 在活动中培养学生的组织能力、沟通能力、动手能力、抗挫折能力和严谨的职业态度。通过活动,让学生感受丰富的春节文化内涵,提升民族文化自信,传承中国传统文化的精髓。

三、重点与难点

重点：学习策划书写作,增强语文应用能力。

难点：运用课堂所学对自己课前完成的策划书进行修改润色。

四、活动准备

1. 在自己家乡搜集有关年之美食、年之服饰、年之由来、年之祝福的资料,分类加以整理。

2. 调查访问,进一步了解周围的人对春节的具体理解。

五、活动实施过程

第一阶段　准备阶段(寻年之踪迹)

1. 学生自主成立活动小组,并确定本组活动内容。

2. 各组设计调查表格和访问记录表。组员进行明确分工,每人领取相应的任务。

调查问卷：

1. 你认为最有年味的一道菜肴是什么？

2. 从小到大,你最喜欢的新年服饰是什么？

3. 你了解哪些有关年的故事传说？

4. 新年里,你最想把新年祝福送给谁？想说些什么呢？

第二阶段　实施阶段(品年之滋味)

（一）课前任务

春节除了带给我们许多欢乐和吉祥外,还对中华民族世世代代的农事作业产生了深远的影响。千百年来形成的浓浓的年味、丰富而生动的春节民俗活动和民俗文化更是俯拾皆是。为进一步丰富扬州的春节元素及表现形式,给扬州市民和中外游客创造一个热烈而隆重、欢乐又祥和的节日氛围,我校经过充分准备,拟定于2017年春节期间举办"品味春节·幸福扬州"新春文化艺术节活动。为了让活动得以顺利开展,请大家帮忙拟定一份新春文化艺术节的活动策划书。

（二）课堂交流

1. 由各组将完成的策划书制作成幻灯片,并展示给班级其他同学。大家反映：各组的基本任务完成得都很好。策划书的基本格式已经具备。但是和经典策划书相比,自己写的策划书缺乏新意和深度。

2. 教师先提供少量的基本资料,指导学生避免将策划书写成计划书。

115

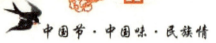

然后引导学生充分利用图书馆、网络等途径获取相关资料,通过自主学习,明确策划书写作的结构和要求,锻炼搜集资料的能力。

3. 在教师的指导下,各组学生自由讨论,找出经典策划书的典型特点:主题鲜明,态度真诚,构思新颖,语言简明。

4. 师生结合案例,分析经典策划书的优势。

5. 师生讨论如何对作品进行修改。

师生讨论后明确:

(1) 格式要准确,策划书的内容应包括策划书标题、活动背景、活动的目的和意义、活动步骤、活动所需的用品、活动负责人及主要参与者。

(2) 思路要创新,注意整合学校及区域资源,联合学校周边社区、旅游景点的力量。

(3) 活动的内容要体现扬州地方特色。内容可以从看民俗表演、地方传统戏,体验盐商过节入手。

(4) 活动细节要仔细推敲,每个环节要由固定的人员负责。

具体说应注意以下三个步骤:拓宽思路、丰富活动内容、完善活动细节。

(三)课后作业

对自己原来的策划书进行修改,尝试调整思路、丰富内容和完善细节。

六、活动评价

1. 创意性:本活动让学子们感受到了浓浓的年味,既富创意性,又充满了生活气息。

2. 参与度:所有同学都参与了活动,大家根据自己的特长进行分组,然后在组间协调分工,各展所长。

3. 效果:通过本次活动,学生了解了风俗,学习了文化,增强了自己的表达和交流能力,感受到了与别人协作的乐趣,体会到了自己的成果被认同的喜悦感、成就感。

附 学生成果

"品味春节·幸福扬州"
新春文化节策划方案

一、策划背景

春节(俗称过年),中华民族一个古老、传统而又隆重的节日。

说它古老,因为它可以追溯到殷商时期,有几千年历史了;说它传统,因为世界上有华人的地方千百年来年年都过春节;说它隆重,因为它是一年中最热闹、最重要,也是最受重视、最受欢迎的节日。

中国人最美好的向往就是人与人之间的感情。其中,有对父母与长者的敬爱之情,有手足牵连之情,有邻里互助之情,有朋友相援之情,还有对故土家乡的依恋之情。团聚是中国人最神往的人间景象,人情味给年味以浓浓的生活韵味。春节包含了诸多的精神含义:团圆、欢庆、祥和、平安、幸福。中国人的年是老百姓自我增强民族凝聚力和亲和力的日子。这种无形的力量就是真正的力量。

为进一步丰富春节元素及表现形

式,创造一个热烈而隆重、欢乐又祥和的节日氛围,我们经过充分准备,拟定于2017年春节期间在扬州旅游商贸学校举办"品味春节·幸福扬州"新春文化艺术节系列活动。

二、指导思想

本次活动旨在促进扬州旅游文化产业的发展,提升扬州旅游文化品位,丰富扬州春节文化的内涵,创造一个热烈隆重、欢乐祥和的节日氛围。

三、背景资料

扬州具有厚重的历史文化,但在现实旅游氛围中,春节文化主题表现形式显得单薄,春节题材的表现内容和形式亟待增加。

四、目的意义

"品味春节·幸福扬州"新春文化节活动将传统的春节文化元素进行收集、挖掘、提炼和包装,使之更有艺术价值与观赏价值,同时在传统符号中注入现代元素,吸引年轻人把春节这一传统节日的文化传承下去。

希望通过本次活动逐渐产生"年味哪里最浓,风水古城扬州""感受春节文化,到扬州过年去"的品牌效应。

五、策划理念

本次活动以"春节文化"为灵魂,沉淀固化元素,打造春节旅游品牌。

通过"品味春节·幸福扬州"新春文化节活动,为扬州春节文化找到固化元素,如灯会、美食集萃、民俗表演、民间技艺展演、传统曲艺表演等,逐渐形成扬州乃至全国节庆活动中的一个知名的春节文化旅游品牌。

六、活动主题

活动主题为"中国年、中国味、中国节"。

七、活动名称

活动名称为"'品味春节·幸福扬州'新春文化节"。

八、活动内容与实施过程

(一)"春满古城"春节灯会开灯仪式

时间:2017年2月6日晚8:00—9:30(拟)。

地点:扬州旅游商贸学校体育馆。

表演阵容:梦之声合唱社团、鼓动人心鼓号队、青春万岁啦啦操社团、青春舞美社团等。

(二)"春满古城·魅力扬州"大型迎春灯会

时间:2017年2月6—7日。

地点:学校操场。

主题活动:观灯展、看民俗表演、品民间小吃。

灯会内容:本届主题灯会拟采用传统手法与现代光影科技相结合的方法,用彩灯生动地展现丰富的扬州春节文化。

分项活动:

1. 扬州春节民俗文化展演

参加展演的节目有:《看灯》《三戏白牡丹》清曲表演,《竹枝词》《茉莉花》、五大宫曲等扬州地方传统戏曲表演,扬州个园盐商贡盐表演活动等。这些节目展现了扬州的传统文化魅力。

2. 风味扬州·春节特色美食文化节。

在美食文化节中,将带领大家去品尝扬州的各种美食,如东关街聚香斋的豆腐脑和黄桥烧饼、蒋家桥的鲜肉锅贴、赵氏叠汤圆;等等。

3. 春节趣味游园文化活动

为了增加本次活动的趣味性与参与性,灯会期间将举办多种形式的趣味游园活动,如猜灯谜、捏泥人、糖画、剪纸、击鼓传花、套圈、气球射击、动物表演等。

4. 年味扬州·团聚闹元宵。

元宵节吃元宵(汤圆),取团圆之意,象征全家人团团圆圆、和睦幸福。因此,我们拟举办"包汤圆比赛"和"万斤汤圆免费吃"活动。

5. "想唱你就来"群众即兴歌唱大赛。

为增加活动的互动性,满足广大群众(游客)春节期间一展歌喉的愿望,体验舞台表演及正规音响下的明星感受,特举办本活动。

九、组织机构

(一)主办单位

主办单位为江苏省扬州旅游商贸学校。

(二)承办单位

承办单位为江苏省扬州旅游商贸学校学工处、团委、各系部。

(三)协办单位

协办单位为梅岭街道办事处、汶河街道办事处、玉河街道办事处、瘦西湖街道办事处、城北乡街道办事处、扬州市妇女儿童活动中心及个园扬州书画协会扬州摄影协会等。

(四)赞助单位(待定)

十、媒体宣传

1. 媒体推广。

邀请扬州日报、扬州晚报、扬州时报、扬州教育在线等媒体进行全程跟踪报道。

拟于2016年11月12日起在官方微信、校报以及校园网、社区相关网站和其他门户网站的主页上宣传"品味春节·幸福扬州"新春文化节的目的意义及内容。

2. 地面宣传。

(1)拟在扬州汽车站、火车站出入口和高速公路收费站悬挂条幅宣传。

(2)在史可法路、盐阜路及城内主要街道悬挂临时条幅宣传。

(3)印制、散发宣传品。

十一、费用来源

资金来源:学校自筹、广告招商运作。

十二、实施进度

(一)第一阶段(2016年10—11月)

1. 项目论证、设计方案。

2. (1)向学校提交报告。

(2)学校批准发文并成立组委会。

(3)召开活动筹备会。

(二)第二阶段(2016年12月—2017年1月)

1. 灯组制作。

2. 学校春节氛围营造。

3. 招商运作。

4. 其他项目准备。

5. 对外宣传。

（三）第三阶段（2017年2月1—6日）

1．灯组验收。

2．其他项目验收。

3．广告集中宣传。

4．开幕式及亮灯仪式。

（四）第四阶段（2017年2月6—13日）

1．灯会展出。

2．民俗文化展演。

（五）第五阶段（2017年2月14日）

1．灯会撤展。

2．总结。

十三、公益活动

1．联合扬州市书画家协会在春节文化园现场举办免费为群众写春联活动。

2．邀请全市孤寡老人免费参观灯展。

3．拟对全市弱势群体和留守儿童开展免费参观灯展及送温暖活动。

江苏省扬州旅游商贸学校旅游服务与管理 15209　吴欣欣